O meu nome é
MERIAM

ANTONELLA NAPOLI

O meu nome é
MERIAM

CONDENADA À MORTE
POR SER CRISTÃ

Paulinas

Dados Internacionais de Catalogação na Publicação (CIP)
(Câmara Brasileira do Livro, SP, Brasil)

Napoli, Antonella
  O meu nome é Meriam : condenada à morte por ser cristã / Antonella Napoli ; [tradução Cacilda Rainho Ferrante]. – São Paulo : Paulinas, 2016. – (Coleção superação)

  Título original: Il mio nome è Meriam.
  ISBN 978-85-356-4195-0
  ISBN 978-88-566-4815-7 (ed. original)

  1. Fé 2. Ishag, Meriam Yahia Ibrahim, 1987 - Biografia 3. Mulheres - Aspectos sociais 4. Mulheres refugiadas - Estados Unidos - Biografia 5. Sudão - História - Narrativas pessoais 6. Superação - Histórias de vida 7. Vida cristã I. Título. II. Série.

16-05379   CDD-248.24609

Índice para catálogo sistemático:
1. Mulheres : Superação : Biografia : Cristianismo   248.24609

Título original da obra: *Il mio nome è Meriam*
© 2015 by Edizioni Piemme S.p.A., Segrate – Milano
Este livro foi negociado através da
Agência Literária Ute Körner – www.uklitag.com.

1ª edição – 2016

Direção-geral:	*Bernadete Boff*
Editora responsável:	*Andréia Schweitzer*
Tradução:	*Cacilda Rainho Ferrante*
Copidesque:	*Simone Rezende*
Coordenação de revisão:	*Marina Mendonça*
Revisão:	*Ana Cecilia Mari*
Gerente de produção:	*Felício Calegaro Neto*
Projeto gráfico:	*Manuel Rebelato Miramontes*
Capa e diagramação:	*Irene Asato Ruiz*
Imagem de capa:	© *nobeastsofierce - Fotolia.com*

Nenhuma parte desta obra poderá ser reproduzida ou transmitida por qualquer forma e/ou quaisquer meios (eletrônico ou mecânico, incluindo fotocópia e gravação) ou arquivada em qualquer sistema ou banco de dados sem permissão escrita da Editora. Direitos reservados.

Paulinas
Rua Dona Inácia Uchoa, 62
04110-020 – São Paulo – SP (Brasil)
Tel.: (11) 2125-3500
http://www.paulinas.org.br – editora@paulinas.com.br
Telemarketing e SAC: 0800-7010081

© Pia Sociedade Filhas de São Paulo – São Paulo, 2016

A Giulia e Stefano,
luzes e guias da minha vida.

Sumário

Nem agora, nem nunca..9

Capítulo 1 15

Capítulo 2 21

Capítulo 3 29

Capítulo 4 35

Capítulo 5 41

Capítulo 6 53

Capítulo 7 59

Capítulo 8 65

Capítulo 9 71

Capítulo 10 79

Capítulo 11 87

Capítulo 12 95

Capítulo 13 105

Capítulo 14 111

Capítulo 15 117

Capítulo 16 123

Capítulo 17 131

Capítulo 18 139

Capítulo 19 149

Capítulo 20 153

Nem agora, nem nunca

Quando, em uma tórrida manhã de maio, o juiz proferiu a sentença que me condenava a cem chibatadas por adultério e ao enforcamento por apostasia, eu não imaginava que me tornaria um símbolo e muito menos pretendia me tornar um. Eu só estava interessada na minha fé e no respeito aos princípios com os quais tinha crescido e nos quais acreditava firmemente.

É claro que eu sabia que dezenas, talvez centenas ou mesmo milhares de pessoas espalhadas por todo o planeta prendiam a respiração enquanto aguardavam a decisão, e a maioria custava a acreditar que uma mulher de 27 anos, grávida e mãe de um menino, arriscasse morrer por não querer renegar a própria religião.

Apesar de as representações diplomáticas dos Estados Unidos, Inglaterra e Holanda terem pressionado o governo do Sudão para que se empenhasse em fazer respeitar o direito à liberdade de culto, inclusive o de mudar a própria fé, sancionado pelas leis internacionais e pela Constituição do país, o juiz não tinha recuado um centímetro.

No início do processo, Daniel, meu marido, sudanês de nascimento, mas com cidadania americana, estava confiante, convencido de que no fundo se tratasse apenas de um equívoco. Todavia, com o passar do tempo foi obrigado a se confrontar com a intransigência das autoridades locais, uma atitude surda e dura encarnada com perfeição pelo presidente do parlamento, que havia respondido ao apelo dos embaixadores com uma indiferença no limite de "cafonice diplomática", limitando-se a afirmar que o poder judiciário era autônomo e bastante distinto do poder político. Assim, em poucas palavras, era negada qualquer intervenção por parte do governo.

Não importava que as acusações contra mim se baseassem numa denúncia de um completo desconhecido, um homem que afirmava ser meu irmão, mas que eu jamais tinha visto em minha vida. Como minha versão não tinha valor algum, o fato de não saber que era filha de um muçulmano, já que meu pai abandonara minha mãe e a mim quando eu tinha apenas 6 anos de idade, sendo impossível então o crime de apostasia (nos países islâmicos a religião é transmitida legalmente pela linhagem paterna), e o fato de que nem ao menos soubesse qual a religião do meu pai e que tivesse sido educada na fé cristã desde menina não me tornava menos culpada: a *xaria* não admitia a ignorância.

Além do mais, sendo casada com um cristão eu era culpada de adultério: uma mulher muçulmana só pode se unir a um muçulmano, o matrimônio com um homem de outra fé não só não é admitido ou reconhecido como deve ser punido.

Um pouco antes, uma delegação da *Muslim Scholar Association*, composta por imãs e expoentes religiosos locais, havia me visitado na prisão. Não foram ameaçadores nem agressivos, mas muito insistentes. E haviam usado um tom e argumentos bastante persuasivos. Disseram que poderiam intervir junto ao tribunal, recitaram trechos do Alcorão e me convidaram a orar com eles, sustentando que o islamismo era a religião mais justa e compassiva, que se eu retomasse o culto a Maomé seria agraciada com uma vida repleta de alegrias.

Depois de me condenar, o juiz Abbas Mohammed Al-Khalifa suspendeu a sentença e me propôs uma espécie de troca: "Nós lhe concedemos três dias para se converter ao islamismo", disse. "Se o fizer, anularemos as acusações contra você."

Setenta e duas horas depois, em 15 de maio de 2014, ele exigiu me ver. Foi um momento difícil, o pior desde três meses antes, quando, em 17 de fevereiro, a polícia bateu na porta da minha casa e me levou para a prisão, juntamente com o meu filho.

O juiz, um homem vestido de preto, com uma expressão dura, incapaz de demonstrar emoções e muito menos empatia, me perguntou o que eu tinha decidido, se tinha aceitado sua oferta. Eu neguei. Ele insistiu. Ficamos assim por cerca de quarenta minutos, mas não vacilei nem por um instante: sabia o que estava arriscando e o que obteria se concordasse com suas exigências, mas não poderia trair a minha religião, a qual tinha feito de mim aquilo que eu era e me dava alento. A fé era a minha força, o meu arrimo, a luz que iluminava os momentos mais sombrios. Eu tinha certeza de que Deus não me abandonaria, que estaria a meu lado até o último suspiro.

Durante a leitura da sentença, o juiz Al-Khalifa ressaltou o fato de que havia me concedido três dias para abjurar o cristianismo, mas que eu me recusara a fazê-lo. Por isso, concluiu que, por não ter aceitado a oportunidade que o tribunal me dera e não me ter reconvertido ao islamismo, eu merecia uma pena severa.

Ouvi suas palavras sem baixar os olhos, enquanto fora do tribunal um grupo de extremistas acolhia a sentença e festejava com gritos de "Allah Akbar" – "Deus é grande".

Naquele momento eu não sabia que era um símbolo, nem me importava. Eu só pensava em meu marido, no pequeno Martin e na vida que crescia dentro de mim. Pensava que teriam bastado duas palavras para sair do pesadelo e voltar a uma vida normal. Mas eu não as pronunciaria. Nem agora, nem nunca. Eu suportaria qualquer pena para defender a minha dignidade e proteger a liberdade de escolher e crer na minha religião. Qualquer que fosse ela.

> Trecho de entrevista com
> Meriam Yehya Ibrahim Ishag,
> Cartum, 7 de julho de 2014/
> Roma, 28 de julho de 2014.

Capítulo 1

Meriam entrou na sala de audiências a passos lentos. As algemas machucavam seus tornozelos, já feridos durante a longa detenção, e produziam um ruído sinistro, semelhante a um lamento. Mas ela seguia com a cabeça erguida, olhar firme e decidido.

Quando se sentou no banco dos réus, olhou para o estrado onde estava a figura que dentro em pouco decidiria sua vida. O juiz da vara local de Cartum, Abbas Mohammed Al-Khalifa, tinha uma expressão arrogante que confirmava a fama de magistrado intransigente e severo, o mais duro da capital.

"Adraf Al-Hadi Mohammed Abdullah", disse com desprezo, chamando-a por seu suposto nome islâmico, "o que tem a declarar?"

"O meu nome é Meriam, Excelência, e não tenho nada a acrescentar ao que já declarei", respondeu com uma voz calma e clara. "Sou ortodoxa praticante e não cometi apostasia, já que nunca conheci outra religião a não ser a cristã."

Sabia que poderia pagar um preço altíssimo por essas palavras, mas a voz da consciência era forte demais para calar. Já tinha aprendido a dominar o medo, a suportar as ameaças e humilhações, estava quase acostumada. Por outro lado, o processo ia mal desde o início, aquilo não era mais que o ápice de uma perseguição iniciada alguns meses antes, quando uns supostos parentes de seu pai, de cujo semblante Meriam nem se lembrava, a tinham denunciado porque era muçulmana e se casara com um cristão. Afirmavam que seu verdadeiro nome era Adraf e que o tinha mudado depois de abandonar a família e se converter.

Seus advogados tinham peticionado ao juiz que ouvisse algumas testemunhas em sua defesa, prontas a desmentir a tese dos acusadores, mas o pedido não foi acolhido. Durante toda a sustentação oral, não havia sido admitida nenhuma testemunha a seu favor.

"Foram-lhe concedidas setenta e duas horas para que voltasse ao Islã, mas não quis aceitar a benevolência de seus irmãos muçulmanos. Por isso merece ser enforcada."

As palavras do magistrado ressoaram na sala e ricochetearam nos presentes aterrorizados. Meriam se voltou para os advogados, depois olhou para Daniel. Permaneceu impassível, enquanto as lágrimas escorriam pelo rosto de seu marido. Ela, não. Não conseguia chorar. Observava o juiz, olhava-o diretamente nos olhos.

* * *

Roma, 15 de maio de 2014. O toque inconfundível do Skype soou bem no meio de uma conferência sobre racismo da qual eu estava participando. Eu não tinha desligado o som do *tablet* de propósito, aguardando aquela chamada com um misto de esperança e preocupação. Khalid Omer Yousif, um ativista da Sudan Change Now, tinha acabado de sair do tribunal de Cartum, onde assistira à leitura da sentença. Sua voz não escondia uma profunda decepção: Meriam Yehya Ibrahim Ishag, uma mulher cristã de 27 anos, grávida e mãe de um menino de um ano e meio, presa por apostasia poucos meses antes, tinha sido condenada à morte.

Há algumas semanas tínhamos iniciado uma mobilização que, pouco a pouco, chegara aos jornais, televisão, redes sociais e instituições, e havíamos nos obstinado na esperança de que o juiz não desse seguimento às acusações e ordenasse a soltura.

Tinha acontecido justamente o contrário.

Nos três dias de suspensão do processo não amadurecera, como esperavam, a "consciência" que se estivesse executando um ato aberrante, que nada tinha a ver com a lei e muito menos com a justiça. Ao contrário, diante da recusa da acusada, fora proferido um julgamento duro, duríssimo.

Foi uma ducha de água fria, um tremendo golpe, ao qual reagimos com toda a raiva e determinação de que éramos capazes. Algum tempo e cliques depois, relançamos a campanha de solidariedade a favor de Meriam e de denúncia com relação ao que estava acontecendo em Cartum.

Italians for Darfur, a associação da qual eu era presidente, nascida em 2006 com o objetivo de sensibilizar a opinião pública e as instituições com respeito à situação dos direitos humanos e sua violação no continente africano, e a Anistia Internacional subscreveram uma petição e iniciaram a coleta de assinaturas para enviá-la ao presidente do Sudão, Omar Hassan Al-Bashir, pedindo a suspensão da sentença e a concessão da anistia.

A campanha viralizou na rede. A página do Facebook superou a marca de um milhão de acessos em poucos dias. Ativistas do mundo inteiro, blogueiros e meros cidadãos repassaram a notícia. A história de Meriam, uma história distante, mas ao mesmo tempo próxima, que dizia respeito a ela e a todos nós, ao nosso modo de ser, de nos relacionarmos e vivermos a espiritualidade, conquistou a primeira página dos jornais e as manchetes dos noticiários. A indignação foi global e a reação do governo sudanês, embaraçado e tomado de surpresa, foi imediata.

Abu-Bakr Al-Sideeg, porta-voz do Ministério das Relações Exteriores, foi o primeiro a intervir. Declarou na TV estatal que o Sudão estava empenhado em proteger a liberdade religiosa, conforme previsto na Constituição, e o faria também no caso de Meriam. Poucas horas depois, o presidente do Congresso, Fatih Adam Al-Din, minimizou a condenação, sustentando que se tratava apenas do juízo da primeira instância e que a campanha internacional a favor da mulher pretendia, na verdade, distorcer a imagem do país e de seu sistema judiciário.

Essas palavras, juntamente com a pressão da mídia que não parecia diminuir, nos deram força e confiança. Compreendemos que tínhamos tomado o caminho certo e que, depois de uma longa escuridão de vários meses, a luz da esperança voltava a brilhar.

Até mesmo os advogados da jovem, com quem estávamos em constante contato, achavam que a decisão final deveria ser diferente. Mohaned Mustafa Al-Nour, coordenador do departamento jurídico do *Sudan Justice Center*, do qual faziam parte Mohamed Abdelnabi, Osman Mubark, Thabiet Al-Zubier e Ali Al-Sherif, não tinha dúvidas: o juiz Al-Khalifa havia forçado a aplicação da *xaria* e infringido os artigos da Constituição que previam e protegiam a liberdade de culto. Ainda mais, dizia, o governo não tinha nenhum interesse que a Justiça seguisse uma linha tão intransigente, visto que só traria descrédito ao país em âmbito internacional e fomentaria tensão nacionalmente.

A eventualidade de um processo de segunda instância, no qual Meriam não fosse julgada com base na lei islâmica e que, portanto, não previsse a pena capital, foi-se difundindo a cada dia que passava. Mas, se em teoria o tribunal de apelação podia acatar os artigos sobre a matéria previstos na Constituição, modificando a sentença e o destino da jovem, não havia garantias de que o faria.

Capítulo 2

Daniel Wani era um homem extenuado, com o olhar inquieto. Há algumas horas um juiz tinha condenado à morte sua mulher, que há três meses estava presa com o seu filho de um ano e meio, do qual sequer tinha conseguido a guarda, visto que as autoridades consideravam nulo o matrimônio entre ele e Meriam, sem qualquer validade legal, e o pequeno Martin um filho ilegítimo, exatamente como o bebê que deveria nascer dali a menos de um mês.

Ele estava na cadeira de rodas num canto do vestíbulo da prisão em Omdurman, subúrbio da capital sudanesa. Esperava que lhe permitissem vê-la antes que retornasse à cela. Na mão direita, um velho telefone celular o afligia, sem parar de tocar. A outra, quase inerte, usava para apertar os comandos da cadeira de rodas, à qual estava preso há alguns anos por causa da distrofia muscular. A pele escura traía sua origem do sul do Sudão, muito diferente da coloração típica da etnia árabe que constituía a maioria da população de Cartum. Em 1998, enquanto a guerra civil dilacerava o país, Daniel fugira de Juba, a capital do atual Sudão do Sul, com a irmã e o irmão mais novo, e refugiara-se nos Estados Unidos, em New Hampshire, onde obtivera a cidadania norte-americana e estudara, formando-se em Bioquímica. Em 2011 voltou ao Sudão e conheceu Meriam, com quem se casou em dezembro do mesmo ano. Ela representava a coisa mais preciosa de toda a sua vida. Embora ainda conseguisse se movimentar, dependia dela e de seu caráter resoluto em tudo e para tudo. Depois veio Martin, o fruto do amor deles, obrigado a viver num cômodo de poucos metros, sujo e cheio de insetos, há cerca de vinte meses.

"Desde que a prenderam ele ficou doente não sei quantas vezes, a cada dia me parece mais fraco", repetia com voz repleta de preocupação. "Sem contar as consequências psicológicas. É um menino esperto, mesmo não tendo ainda 2 anos, e percebe o que está acontecendo, que algo está errado, que ele e a mãe não estão livres. Graças a Deus tem uma personalidade forte, semelhante à de Meriam, e gosta de ficar com os filhos das outras prisioneiras, mas…"

Daniel não se envergonhava dos olhos marejados de lágrimas, não tinha medo de exprimir os próprios sentimentos e frustrações. Falar deles era um modo de exorcizá-los. Uma espécie de reação. Felizmente, embora não tivesse parentes em Cartum, não se sentia sozinho. Seus amigos, cristãos e muçulmanos, o amparavam e estavam por perto tanto quanto possível. A presença deles tornava mais tolerável o vazio deixado por sua esposa e era-lhe fundamental.

É verdade que havia também a mobilização internacional, que não dava sinais de que iria atenuar ou enfraquecer-se. Ao contrário: as pressões sobre o governo sudanês a cada dia se tornavam mais importantes e insistentes. Essa demonstração de proximidade e solidariedade o enchia de orgulho. Mas, ao mesmo tempo, sabia que o clamor e a ressonância midiática podiam revelar-se uma faca de dois gumes, produzindo efeitos opostos aos esperados.

A atmosfera no Sudão estava tensa, carregada de eletricidade e ninguém se espantou quando, um dia antes da sentença, o advogado Mohamed Abdelnabi recebeu um telefonema anônimo que o intimava a abandonar a defesa da infiel e o ameaçava de morte. Mohamed não recuou; ao contrário, deu dois passos adiante, empenhando-se com ainda mais determinação. O caso de Meriam não o envolvia somente do ponto de vista profissional. Também envolvia a fé, a liberdade, a justiça mais verdadeira. Não renunciaria por nada neste mundo, nunca abaixaria a cabeça.

***

A petição on-line da Anistia e *Italians for Darfur* recolheu milhares de assinaturas em poucas horas. Diversas associações de defesa dos direitos humanos, sobretudo católicas, fizeram-se ouvir e o *Avvenire*, jornal dos bispos, relançou a campanha no Twitter com uma *hashtag* simples, mas eficaz: #meriamdevevivere. O presidente do Conselho, Matteo Renzi, manifestou publicamente seu apoio à iniciativa e, poucas horas depois, a ministra de Relações Exteriores, Federica Mogherini, se manifestou oficialmente, colocando a Itália à frente da batalha pela liberdade.

"Continuo a pensar que é uma mãe como eu" – declarou a ministra a Arturo Celletti, enviado do *Avvenire*, enquanto deixava a sede da ONU, onde havia encontrado o secretário-geral das Nações Unidas, Ban Ki-moon, que se dizia disposto a fazer qualquer coisa para resolver o caso. "Continuo a pensar na criança que traz no ventre e no outro menino que está com ela na prisão. Continuo a pensar nessa experiência tão atroz, nessa mulher tão jovem, corajosa e determinada a defender a própria fé. A dignidade com a qual está enfrentando a situação deve ser um ensinamento e um estímulo para todos."

Suas palavras foram um grande encorajamento. Nós, ativistas, compreendemos que não estávamos sós, que os políticos tinham entendido que a batalha por Meriam não dizia respeito apenas ao destino dela, mas também ao nosso, ao nosso modo de ser, além de princípios nos quais acreditávamos e aos quais, como ela, jamais renunciaríamos.

Atos seguiram-se às palavras, um empenho concreto e um apoio que nada tinha de aleatório. O vice-ministro de Relações Exteriores, Lapo Pistelli, particularmente sensível a questões de direitos humanos, se mostrou presente e determinado desde o primeiro instante. Ao seu lado, o embaixador italiano no Sudão, Armando Barucco, que se tinha manifestado mesmo antes do pronunciamento da sentença e do interesse da mídia pelo assunto, estava em contato com os advogados da defesa e, sendo formado em Direito, seguira com conhecimento o percurso legal do caso. Com elegância e competência, tinha indicado aos interlocutores sudaneses uma possível saída, augurando uma revisão da sentença e preparando, de forma prudente e reservada, o terreno para a ação do governo italiano.

Enquanto isso, a mobilização se ampliava a cada dia, bem como o interesse da mídia e a participação da sociedade civil. A solidariedade e o apoio de milhares de pessoas nos davam força para enfrentar os momentos mais difíceis e duros e para afastar qualquer sentimento de frustração ou, ainda pior, de resignação. Por outro lado, o caso de Meriam não dizia respeito somente a ela, mas a todos nós, independentemente de sermos cristãos, judeus, muçulmanos ou ateus. O ataque do qual era vítima dirigia-se a nossa humanidade e à humanidade em geral. Àquela altura, todos sabiam e ninguém podia desviar o olhar. Nós, ativistas, servíamos de intermediários, referência e limite de uma consciência coletiva indignada com o uso aberrante e distorcido da religião. O nosso desafio era com relação a quem fomentava o obscurantismo, a quem negava o valor do ser humano e sua característica mais importante, suas crenças.

As instituições estavam do nosso lado, tanto do ponto de vista ideal quanto do material. Naquele momento era fundamental nos unirmos, deixando de lado as diferenças, desconfianças ou interesses comerciais. Dentro de pouco tempo a Itália assumiria a presidência do Conselho da União Europeia e poderia usar esses seis meses para lançar uma grande reflexão sobre os direitos humanos, sua aplicação e, sobretudo, sobre sua negação.

Durante o discurso no início do mandato, o primeiro-ministro Renzi não fez jogos de palavras, disse que a Europa podia e devia fazer mais, muito mais. Que chegara o momento de tomar uma posição forte e clara: "Se diante de um caso como o de Meriam, condenada à morte por não ter renegado a própria religião e obrigada a dar à luz na prisão, a Europa ficasse em silêncio ou, pior ainda, se entrincheirasse por trás de discursos vazios ou palavras retóricas e continuasse a fechar-se em suas fronteiras em vez de reafirmar os seus valores, trairia o motivo pelo qual nasceu e perderia para sempre a sua identidade, o seu lugar no mundo. E nós não seríamos dignos de nos chamarmos Europa".

Capítulo 3

A pasta marrom, de couro macio, que a família lhe tinha dado no dia da formatura, estava cheia de processos, sentenças pronunciadas pela Corte Constitucional e registros de antigos procedimentos que Mohamed Abdelnabi sabia de cor. Tinha lido e relido cada página com atenção obstinada e não tinha nenhuma dúvida sobre a fundamentação legal de seus argumentos. O problema era outro: o caso de Meriam extrapolava o âmbito da pura e simples jurisprudência e dizia respeito à miopia e ao integralismo de um juiz que tinha ido muito além da sua alçada. Por isso, depois da sentença, ele e os outros advogados de defesa não tinham desanimado, mas, ao contrário, tinham declarado que observariam com "extrema confiança" o que viria a seguir. Começaram a falar explicitamente em dar entrada em um recurso e se diziam convencidos do resultado: em segunda instância Meriam teria vantagem e seria absolvida de todas as acusações. Era algo mais do que uma simples esperança, visto que a Constituição sudanesa garantia explicitamente a conversão religiosa sem restrições. Ainda que não desse certo, se em segunda instância a sentença fosse confirmada, teriam à disposição outros dois anos para afirmar aquele direito: para proteger o nascituro, a execução não poderia acontecer antes de a mãe dar à luz e enquanto estivesse amamentando.

Meriam passava os dias na cela – um cômodo com três catres e paredes descascadas, que dividia com outras prisioneiras. A luz penetrava por uma janelinha com grades e o ar circulava graças a um velho ventilador. Ela passava a maior parte do tempo na cama, abraçada a Martin. Levantava-se o mínimo indispensável e caminhava com dificuldade. As pernas estavam inchadas e os tornozelos feridos; ademais, estava no oitavo mês de gravidez: se o trabalho de parto do primogênito fora longo e complicado, o próximo arriscava ser ainda mais difícil. As possibilidades de que surgisse alguma complicação eram altas, para não dizer certas. As outras presas a evitavam ou faziam piadas e uma, particularmente, fazia de tudo para tornar sua vida impossível, enquanto as guardas fingiam não perceber nada ou se juntavam na perseguição, submetendo-a a maus-tratos físicos e psicológicos insuportáveis.

Seus advogados tinham pedido que fosse transferida e mantida sob vigilância em um hospital ou em uma clínica particular, uma espécie de prisão domiciliar temporária, justamente durante o parto. A direção da prisão, porém, respondeu que só concordaria caso fosse necessária uma cesariana. Não havia alternativas, a pequenina nasceria num local sujo, triste e insalubre, num clima francamente hostil. O que deveria ser um dos momentos mais belos da sua vida, o nascimento da segunda filha, corria o risco de transformar-se no oposto, um momento de solidão e desespero. De morte.

* * *

Embora a convicção de que a decisão final no caso Meriam pudesse ser confiada à Corte de Apelação, a qual afastaria a pena capital, sendo isso cada vez mais difundido e concreto, a intensidade da mobilização não se atenuava: baixar a guarda seria um erro imperdoável.

A fim de manter alto o interesse da mídia e da opinião pública, propus a algumas associações que assinassem e enviassem uma carta aberta ao presidente da República, Giorgio Napolitano.

Todos juntos, *Italians for Darfur, Pelple4Sudan, Articolo 21*, os missionários salesianos de El Obeid e os refugiados sudaneses na Itália, pedimos que o nosso país fizesse mais pressão sobre o governo do Sudão e exigisse um ato de clemência em favor da jovem que estava para dar à luz. Estávamos convencidos de que era importante continuar a insistir com as autoridades de

Cartum, até mesmo com uma intervenção direta do presidente italiano apresentada a seu colega sudanês, Omar Hassan al-Bashir.

A uma semana da condenação de Meriam, e a poucos dias do nascimento de sua segunda filha, era inaceitável que ela estivesse acorrentada, abandonada a si própria, isolada de sua família e privada de assistência médica ou psicológica. Era desumano, além de injusto. Sobretudo diante da abertura governamental testemunhada por declarações da embaixadora sudanesa na Itália, Amira Daoud Hassan Gornass, esposa do ministro africano de Relações Exteriores: a diplomata havia divulgado uma nota oficial, na qual definia "fundamentado" o pedido dos advogados de Meriam para a reabertura do processo e afirmava que existiam possibilidades razoáveis de se chegar a uma revisão da sentença. Mais adiante, relembrou que o veredito do juízo de primeira instância, baseado na lei islâmica, seria exequível somente depois de passar por todas as instâncias e exauridas as possíveis apelações. Enfim, havia afirmado que, embora sendo independente de qualquer forma de influência ou interferência política, o sistema judiciário deveria levar em conta o que estava prescrito na Constituição, que protegia de modo explícito a liberdade de culto.

Na verdade, apesar do que afirmavam o governo e os seus representantes, a experiência de Meriam mostrava exatamente o contrário: a maioria dos sudaneses acatava os preceitos da *xaria* e os seguia com mais convicção e rigor do que às normas constitucionais, considerando justo punir de forma adequada quem a violava. Duro, para não dizer cruel. Mesmo em se tratando de uma jovem mãe, prestes a dar à luz pela segunda vez. É claro que o país discutia e mesmo entre os muçulmanos havia quem defendesse as razões de Meriam, quem se esforçasse para compreendê-la ou falasse de "piedade". A maioria, porém, apontava-lhe o dedo. E o agitava, ameaçadoramente.

Capítulo 4

Raiva, solidão, medo... Meriam jamais imaginara sentir tais emoções. Certamente não durante o parto que, nos sonhos de qualquer mulher, deveria ser um momento doloroso, porém cheio de magia. Uma antecipação do futuro, um dom de Deus.

Meriam, ao contrário, estava com frio. E se sentia só como nunca antes em sua vida.

Quando, no meio da noite, sua bolsa rompeu, foi transferida para uma sala grande e vazia, em que os seus lamentos ressoavam com um eco sinistro. Não havia ninguém ao seu lado, nem Daniel, a quem a lei islâmica considerava um estranho, nem os advogados. E ela estava com medo, temia que alguma coisa desse errado.

Todavia, nem durante aqueles intermináveis momentos de angústia, na despojada e tétrica ala hospitalar da prisão de Omdurman, deitada na maca sobre a qual se consumavam os últimos minutos do parto, tinha perdido a fé: o Senhor estava ao seu lado, a protegeria e ajudaria a trazer ao mundo sua filha. As correntes, presas aos tornozelos, a impediam de abrir mais as pernas ou, ao menos, limitavam sua abertura. Mas a pequena nasceria e seria a prova mais evidente do amor de Deus.

Quando a cabecinha começou a aparecer, ela se sentiu dilacerar. Sentiu uma dor terrível, quase desmaiou. Mas cerrou os dentes e empurrou e, quanto mais empurrava, mais sentia o milagre da vida acontecendo.

Durou um instante. Ou uma eternidade.

A verdade é que, quando a parteira a pegou nos braços e a pequenina emitiu o primeiro vagido, Meriam compreendeu que todo o sofrimento pelo qual passara tinha um sentido, que a vida sempre venceria a morte. Ela a olhava, estava tão fraca e cansada que quase não tinha forças para estender as mãos e pegá-la. Ou, talvez, fosse medo. Temia que a impedissem, que a levassem embora e que... mas nada disso aconteceu: a parteira passou-lhe a filha e ela a apertou nos braços com todo o amor e a força que ainda lhe restavam. Quando Maya pegou o seio, Meriam se esqueceu de qualquer temor e foi dominada por uma emoção arrebatadora, que iluminou os cantos escuros do seu destino: na noite entre 26 e 27 de maio não somente nascera a sua filha, mas ela própria tinha renascido.

* * *

Passava pouco das 7 horas e o dia tinha começado como sempre, de maneira frenética. O bip do telefone e a mensagem que Khalid me enviara pelo WhatsApp fizeram parar o tempo, fixando aquele instante de modo indelével em minha memória.

Quatro horas antes, Meriam havia dado à luz Maya, uma menina com pouco mais de 3 quilos, com cabelos encaracolados e negros.

A notícia me empolgou e, pela primeira vez, desde que eu tivera contato com sua história, chorei; eram lágrimas de alegria.

Liguei para Khalid e os advogados, mas ninguém atendeu. Mais tarde, finalmente, Mohaned retornou: "Desculpe", disse com uma voz cansada, agitada e feliz, "foi uma noite daquelas... A propósito, estou aqui com Daniel, estamos indo para o hospital e..."

Não pensei duas vezes: apesar de nunca termos conversado diretamente, mas sempre através de um intermediário, interrompi Mohaned e pedi que passasse o telefone para Daniel. Não via a hora de sentir a sua felicidade, de compartilhar a minha.

Sua voz, porém, não era como eu esperava. Era séria, profunda, quase impostada. Daniel sabia quem eu era e me agradeceu por tudo que estávamos fazendo por sua família. Era gentil, porém reservado, muito formal. Ao contrário de mim, que não me conseguia controlar: "Estou feliz por vocês, principalmente por Meriam:

agora há um motivo a mais para aguentar firme! Você vai ver, logo poderá voltar para casa e começar uma nova vida...".

Daniel ficou calado. Depois, voltou a falar, mas com um tom diferente, eivado de emoção. Percebi que suas defesas tinham se rompido, que estava chorando. Disse-me que estava feliz com o nascimento da filha, mas, ao mesmo tempo, sentia uma dor tremenda por não ter estado presente no momento do parto e não tê-la visto nascer. Que estava com raiva da embaixada americana porque, embora tendo demonstrado de todas as maneiras que Martin era seu filho, e por isso um cidadão americano, apesar de ter entregado as certidões de nascimento e de casamento, o exame de DNA etc., os funcionários não tinham feito nada a não ser perder tempo. Em seguida, acrescentou que estava preocupado com Meriam e se perguntava como ela conseguia suportar um tratamento do gênero, onde encontrava energia física e mental para fazê-lo.

Falou durante bastante tempo, com sinceridade e emoção. Eu o escutei como se faz com uma pessoa que se conhece bem, um amigo ou um parente. E me dei conta de que o meu empenho em relação a ele e Meriam não era apenas uma questão de política ou de fé, mas de coração. Eu estava completamente envolvida.

Antes de se despedir, pediu-me que transmitisse os seus agradecimentos a todas as associações e instituições que estavam participando da mobilização e lutando por ele e por sua mulher: "Gostaria de agradecer-lhes pessoalmente", disse. "A solidariedade deles tem sido de grande ajuda."

Despedimo-nos combinando que nos falaríamos de novo à noite, quando me contaria como estavam suas mulheres e o pequeno Martin, que não via há cinco dias. Infelizmente, quando liguei de novo, contou-me que não lhe haviam permitido encontrar-se com eles. Meriam estava na clínica da prisão para a realização de exames e só poderia encontrá-la no dia seguinte.

Estava triste, decepcionado.

Eu o animei, disse-lhe que devia ficar otimista e devia fazê-lo por Meriam, Martin e pela pequena Maya. Pelo significado que seu nascimento tinha assumido. Pela esperança que ela representava.

Mais que enraivecido, ele estava preocupado: Meriam estava muito extenuada. As algemas a atormentavam dia e noite e a diretora da prisão não tinha permitido que um ginecologista a examinasse para verificar a magnitude das complicações que tinham acompanhado a gravidez. Mas, ele a conhecia bem, ela jamais voltaria atrás, nunca renunciaria a defender a própria fé: "E eu jamais lhe pediria que o fizesse. Mesmo que isso signifique renunciar a tê-la comigo, arriscar perdê-la para sempre".

Capítulo 5

Passara a noite rezando e agradecendo a Deus por ter protegido suas mulheres. Sentia-se nervoso, comovido e angustiado. Depois, finalmente, se preparou e, ainda antes que o sol surgisse no céu, Daniel chegou à prisão de mulheres em Omdurman, localizada na periferia da capital. Circundada por uma muralha cor de areia de três metros de altura, protegida por torres e homens armados de plantão 24 horas por dia, tinha sido construída para abrigar uma centena de prisioneiras, mas com o tempo foi ampliada para acolher o dobro. Nos últimos tempos, chegava a abrigar quase mil, e as que cumpriam penas mais breves estavam amontoadas no *hoch*, um espaço comum a céu aberto, com esteiras ou colchões finos como folhas de papel, em meio à poeira, ao calor e à sujeira.

Daniel estava acompanhado por dois advogados, com os quais ao longo do tempo tinha compartilhado esperanças e decepções, aos quais já considerava amigos. Na sala de espera mostrava-se agitado, mexendo sem parar nos comandos da cadeira de rodas. Não via a hora de abraçar Meriam e, principalmente, conhecer sua filha.

Passou-se uma hora e então, finalmente, a porta da sala, que nesse meio-tempo tinha ficado repleta de parentes das prisioneiras, se abriu. Havia um guarda e, ao seu lado, Martin, que logo correu em sua direção.

Daniel o abraçou com força, respirou fundo e lhe acariciou a cabeça. Estava feliz por vê-lo, sua doçura e seus olhos exaustos, porém vivos e curiosos, eram apaziguadores. Mas não conseguia acalmar-se. Estava tenso, preocupado, temia que alguma coisa desse errado, que dessem um jeito de mandá-lo embora sem lhe permitir ver Meriam ou Maya.

O agente deixou que desse algo para o pequeno beber e, em seguida, com um tom frio e indiferente comunicou-lhe que podia ir para a sala dos visitantes. Daniel moveu a cadeira de rodas seguindo o homem pelo pavilhão da prisão que já conhecia de cor. Estava emocionado, tinha as mãos trêmulas.

Meriam estava sentada num banco, vestia uma roupa nova, uma vestimenta azul que lhe tinham dado na prisão. Olhando-a pensou que, apesar das olheiras e dos cabelos despenteados, ainda era a mulher mais bela do mundo. Estava claro que tinha dormido pouco, mas não parecia particularmente exausta. Trazia Maya no colo. Daniel se aproximou, tocou-a com a mão. Não podia fazer mais nada, o contato físico era severamente proibido: de acordo com a lei islâmica, ele e Meriam eram adúlteros, pecadores.

Ela estendeu os braços e colocou Maya nos seus braços. Ele ficou em silêncio, aturdido, enquanto as lágrimas escorriam por seu rosto.

Meriam contou que havia dado à luz acorrentada, com muitas dificuldades, e que estava preocupada com as possíveis consequências para a saúde da pequena. Além disso, não entendia por que naquela manhã a tinham feito vestir um *tob*, a típica vestimenta sudanesa, uma longa faixa de tecido que a cobria da cabeça aos pés, e lhe tirado várias fotos. Ou melhor, suspeitava que se tratasse de uma operação de propaganda, para mostrar uma realidade suavizada comparada com a verdadeira em que se encontrava, e isso lhe deixava ainda pior.

Daniel e Mohaned contaram que sua história estava no centro de uma grande mobilização, que os jornais e as TVs de todo o mundo falavam dela e de sua filha, que milhares de pessoas tinham se manifestado a seu favor. Meriam escutou com atenção e seus olhos voltaram a brilhar. Saber que a sua batalha não apenas era compreendida, mas também apoiada por tanta gente, a consolava, dava-lhe paz, produzia dentro dela uma sensação igual à que tinha quando abraçava Martin ou embalava Maya, ou quando rezava e sentia a presença do Senhor, mesmo na realidade desoladora em que estava confinada.

Todavia, sabia que sua libertação não era iminente. Que a opinião pública era uma coisa e o poder Judiciário outra, principalmente no Sudão.

Seus advogados tinham sido claros: era necessário percorrer as várias instâncias, primeiro a da apelação, depois, se necessário, a da suprema corte.

* * *

Comunicamos a notícia do nascimento de Maya, usando uma foto que Mohaned me enviara pelo WhatsApp, através de um *tweet* que dizia: "Maya nasceu ontem, está bem, mas não é uma menina livre. Assim como Martin, seu irmãozinho, que desde fevereiro está na prisão com a mãe". Foi a oportunidade para relançar a petição que já tinha sido assinada por mais de 50 mil pessoas e reforçar a pressão sobre o governo e, indiretamente, sobre os magistrados sudaneses, a fim de que concedessem o indulto.

Depois da Itália e dos Estados Unidos, também a Grã-Bretanha vira crescer o interesse da mídia e das instituições em relação ao caso da jovem condenada à morte por ser cristã. O *Times* de Londres, com manchete na primeira página, relançou a campanha para a sua libertação: "Salvem Meriam" foi a declaração do histórico jornal britânico, que definiu a pena como "cruel e arcaica, uma violação da Declaração Universal dos Direitos Humanos, cujo respeito deve ser um pré-requisito para conceder ajuda e apoio humanitário aos países em dificuldades".

A seu modo, o editorial retomava os tons e temas da campanha lançada por *Italians for Darfur* e pela Anistia Internacional: "A condenação à morte por apostasia e as condições para esconjurá-la, ou seja, abjurar a fé cristã e converter-se ao islamismo, são inaceitáveis. Em um país civilizado, a sua 'culpa' não seria um crime, enquanto sua morte certamente o seria".

O *Times* elogiava a campanha lançada pelas diversas associações e reconhecia que a pressão exercida sobre as autoridades sudanesas poderia obter diversos resultados. Mas não era suficiente: o momento de as instituições se fazerem ouvir havia passado, era preciso passar das palavras à ação.

No dia seguinte, o primeiro-ministro britânico David Cameron telefonou ao presidente Bashir para pedir a revogação da sentença "bárbara, que não tem lugar no mundo". "A Grã-Bretanha", disse, "se empenhará com todos os meios para salvaguardar a liberdade religiosa e a vida de uma inocente. Tanto quanto possível, proporcionará assistência médica e legal. E ficará ao seu lado até o momento da libertação."

O líder liberal-democrático Nick Clegg e o trabalhista Edward Miliband usaram palavras igualmente claras, alinhando o país inteiro ao lado do primeiro-ministro.

Se de um lado as pressões políticas e diplomáticas apoiavam e reforçavam a campanha de denúncia das organizações, de outro arriscavam gerar um perigoso efeito bumerangue sobre as autoridades sudanesas, que tinham dificuldade em tolerar aquela "intromissão" e não se preocupavam em disfarçar a irritação, a ponto de começarmos a temer que antecipassem a execução da pena acessória prevista pela sentença: cem chibatadas, que nas condições de Meriam, exaurida pela prisão e enfraquecida pelo parto, equivaleriam a uma pena de morte. Seus advogados gritaram por ajuda e os ativistas de todo o mundo se puseram de acordo e rapidamente agiram. Escrevi uma mensagem na página da associação no Facebook, expliquei que, se o tribunal não emitisse outro veredito dentro de duas semanas, Meriam seria chicoteada até a morte. Acrescentei ainda, sem usar meias palavras, que precisávamos de dinheiro. As custas judiciais eram altas e os fundos recolhidos através de doações começavam a minguar. Era preciso agir e agir logo. Mesmo porque, no Sudão, a situação só piorava. As condições higiênico-sanitárias da prisão eram insuportáveis para uma pessoa normal, piores ainda para uma mulher fragilizada, que podia contar somente com sua força interior e o amor de seu marido e filhos. Meriam e Martin haviam contraído diversas infecções, e para Maya, com poucos dias de vida, os riscos eram ainda mais altos. A possibilidade de que morresse, que se apagasse antes mesmo de brilhar, era concreta: a prisão de Omdurman se vangloriava por ter dezenas de vítimas entre os recém-nascidos.

No início de junho o subsecretário de Relações Exteriores, Abdullahi Alzareg, deu uma declaração que nos surpreendeu, proporcionando-nos uma nova e imprevista confiança. Disse aos microfones da *BBC* que não só tinha certeza de que Meriam não seria executada, como assegurava que o governo sudanês estava determinado a garantir a liberdade de culto e os direitos humanos fundamentais.

Suas palavras, transmitidas pelos canais e locais de todo o mundo, foram um sopro de ar puro, a confirmação de que o empenho dos políticos, dos ativistas e das pessoas comuns estava dando resultado.

Todavia, depois de poucas horas, o ministro das Relações Exteriores do Sudão, Ali Karti, divulgou uma nota oficial com a qual desmentia a declaração do subsecretário e excluía categoricamente a possibilidade de Meriam ser libertada.

Foi uma ducha de água fria. A enésima. A decepção substituiu a esperança, eu e milhares de pessoas fomos dominadas pela frustração e pela sensação de impotência. Os advogados de Meriam fizeram o resto: era inútil ter ilusões, explicaram; ela e as crianças permaneceriam na prisão até que fosse emitido um julgamento que anulasse o anterior. As declarações do subsecretário Alzareg eram pura fachada para tranquilizar a opinião pública e acalmar os protestos, amenizando a pressão sobre o governo. Havia apenas um motivo para otimismo e dizia respeito aos prazos do novo processo: estavam convencidos de que o tribunal de apelação se manifestaria sobre o recurso até o fim do mês de junho.

"Não vejo a hora de começar a sustentação oral", dizia Mohaned, que me atualizava constantemente sobre as condições de Meriam e sobre o que acontecia em Cartum através de fotos e mensagens. "O juiz de primeira instância cometeu uma porção de erros, são tantos e tão óbvios que será fácil destruir seus argumentos. Além disso, há os novos testemunhos, o tribunal não poderá deixar de levá-los em consideração. Desta vez não se trata de estabelecer se Meriam um dia foi muçulmana ou se sempre foi cristã, isso não vem ao caso. Precisamos apenas verificar, com base na Constituição, se tem ou não o direito de escolher sua religião. E nós acreditamos que sim. Vale para ela e vale para todos."

Mesmo nesse caso, porém, o problema permanecia sendo o tempo: uma vez iniciada, a apelação não tinha prazo determinado, o procedimento poderia levar um, dois ou mais meses. E o início do Ramadã, que se aproximava dia a dia, constituía uma ameaça.

Para complicar a situação e elevar a tensão, tivemos a confirmação de que as fotos de Meriam na prisão ocultavam uma finalidade um tanto inquietante. Nas imagens, ela tinha Maya nos braços e Martin ao seu lado. Sua cabeça coberta por um véu, o *hijab*, parecia um sinal evidente, para quem tinha imaginado, realizado e divulgado as fotos, de pertencer à tradição islâmica. Ademais, Meriam, que no momento das fotos não sabia qual a destinação delas, sorria timidamente: para um leitor ou espectador superficial era evidente que a prisioneira estava sendo tratada com decoro e se encontrava em boas condições físicas e psicológicas.

Mohaned, o advogado que percebeu o engodo, não tinha dúvidas: a intenção daquelas imagens era claramente tranquilizar a comunidade internacional e demonstrar que o Sudão era um país civilizado, capaz de tutelar e cuidar bem dos próprios detentos. Prova disso era o fato de que os jornalistas e fotógrafos, que a tinham visto no dia seguinte ao nascimento de Maya, haviam sido enviados à prisão pelas autoridades e colaboravam com alguns periódicos ligados ao regime, como *Hikayat*, *Al-Dar*, *Al-Sudani* e *Al-Intibaha*, o mais popular, publicado pelo tio do presidente Bashir.

Meriam não queria encontrá-los naquela manhã, mas não lhe deram alternativa. Tinham-na fotografado e filmado sozinha e com as crianças. Ela não se recusara, mas estava muito contrariada. Sentia-se usada, tratada como um objeto. Além disso, não gostara das fotos, havia algo de falso, de obsceno. Pediu que não as divulgassem, mas os repórteres responderam que tinham autorização do ministério da Justiça e, por isso, não haveria meios de impedi-los.

Os artigos publicados no dia seguinte estavam impregnados de malícia e maldade e continham uma série de falsidades, como, por exemplo, que ela teria se convertido, que rezava cinco vezes ao dia, que lia o Alcorão etc. Quando Meriam leu os artigos, ficou transtornada e os advogados manifestaram sua preocupação de que as mentiras pudessem influenciar o tribunal de apelação.

"Protestamos com a diretora da prisão", relatou Sherif abatido e ao mesmo tempo com raiva, "mas ela disse que não podia fazer nada, que os jornalistas tinham sido mandados pelo governo e ela não poderia se opor…".

A propaganda do regime tinha começado.

Capítulo 6

Al-Samani Al-Hadi Mohamed Abdullah usava um *taqiyah* e uma *jalabiya*, a típica túnica sudanesa branca, alva e bem acabada. Um traje refinado que, num país pobre como o Sudão, poucos podiam permitir-se.

O tom com o qual respondia às perguntas da jornalista da CNN, uma jovem de origem sudanesa com o véu, testemunhava o desprezo e a pouca tolerância que nutria com relação aos ocidentais e suas tradições. Estava seguro de si e das declarações que continuava a repetir. Da sua mentira. Afirmava que Meriam era sua irmã e que seu verdadeiro nome era Adraf Al-Hadi: "De repente ela desapareceu, sem nos dizer nada e sem deixar pistas. Nós a procuramos, mas nada: tinha sumido. Depois, um dia, soubemos que tinha se casado com um cristão e que, por medo de serem descobertos, viviam trancados em casa. Passaram-se meses até que a encontrássemos e, finalmente, recebemos uma informação e avisamos a polícia".

Dizia que, quando ele e o resto da família a reencontraram, ela parecia diferente: "Olhava-nos de um jeito estranho, ausente, como se fosse vítima de um feitiço. Não nos reconhecia, tratava-nos como se fôssemos estranhos. Foi horrível ouvi-la dizer diante do juiz que se chamava Meriam Yehya".

Saman Al-Hadi, sentado no escritório do Centro Islâmico de Omdurman, falava e movia as mãos de forma decidida, como um pregador: "Eu e minha família somos muçulmanos praticantes, queremos apenas que ela volte para o Islã, para a sua casa".

Que o fizesse sob ameaça e que, para ela, isso significasse trair suas convicções, ou seja, a si mesma, não contava. O importante é que se reconvertesse à religião de seus supostos parentes.

"Converter-se ao cristianismo é um ato gravíssimo, a *xaria* o pune com a pena máxima", insistia.

Diante da perplexidade da jornalista, que usava termos como "humanidade" e "afeto", Al-Hadi não demonstrava a mínima compaixão: um comportamento do gênero, tão ímpio e blasfemo, não merecia piedade. Era preciso ser duro, inflexível: "De duas, uma: ou se arrepende e volta para a religião islâmica e o seio de sua família, ou se recusa e merece ser enforcada".

"Mas é sua irmã, como poderia assistir à sua morte? Como conseguiria ficar olhando enquanto ela caminha para a forca?"

"Por que deveria me perdoar em minha humanidade e em minhas emoções e arriscar expor-me à cólera do meu Deus? Os meus sentimentos são os de um muçulmano. De um muçulmano que sofreu uma ofensa. Sabe como me sinto?", parecia chocado, como se sentisse de verdade aquilo que estava apenas recitando. "É uma situação terrível, não só para mim", como se estivesse verdadeiramente sofrendo. "Todos os meus parentes, do mais jovem ao mais velho, estão sofrendo. Somos uma família e esse é um assunto particular. O mundo não deveria interferir. Se ela morrer, significa que aplicamos a Palavra de Deus, e será com base nessa responsabilidade que seremos julgados um dia. E esse dia será muito mais difícil do que os que estamos vivendo hoje. Com certeza", concluía, "não podemos aceitar nenhuma transigência."

* * *

A publicação das fotos que retratavam Meriam vestida como muçulmana e a entrevista do suposto irmão só aumentaram a nossa inquietação. O caso estava pegando fogo, provocava indignação e celeuma, e despertava os instintos e as paixões mais violentas que se agitavam, subjacentes, no país. Seus advogados estavam preocupados, começaram a falar explicitamente de um perigo ligado à libertação. De outro lado, Al-Hadi, o suposto irmão, tinha sido claro: se Meriam fosse libertada sem se reconverter ao Islã, ele a mataria com as próprias mãos. Era o fim reservado a todos que abandonassem a palavra de Alá, o fim que mereciam. Que fosse uma mulher, que esperasse um filho, e ainda por cima, que fosse sua irmã, não tinha nenhuma importância.

Eu estava chocada com o seu rancor. Vá lá o integralismo e todo o resto, mas me parecia excessivo, desproporcional.

Decidi investigar.

Sem perda de tempo, contatei um informante em Cartum e pedi que o vigiasse e colhesse o maior número de informações possível.

Os resultados da investigação foram surpreendentes e trouxeram à luz implicações inquietantes, que ainda não eram de domínio público e, principalmente, que confirmavam as minhas suspeitas.

Os amigos e conhecidos de Al-Hadi afirmavam que a fidelidade ao Alcorão não tinha nada a ver com a questão: Meriam havia sido levada a julgamento e sua vida estava em risco, principalmente, por motivos financeiros. O inquérito que levara à prisão uma cristã de 27 anos escondia inveja e cobiça, o desejo de se apossar das atividades comerciais que a mãe de Meriam iniciara depois de ter sido abandonada pelo marido e se mudar para Cartum, garantindo para a filha uma vida simples, mas digna, a ponto de lhe permitir frequentar um curso universitário que, porém, não tinha terminado.

Quase ao mesmo tempo, os consultores do *Sudan Justice Center*, que tinham iniciado uma investigação paralela, chegaram à mesma conclusão: diversas testemunhas confirmavam que os supostos parentes da jovem não eram levados por motivos sentimentais ou ideais, mas por puro e simples interesse. Se Meriam permanecesse na prisão e, melhor ainda, se fosse executada, eles seriam os únicos beneficiários de suas posses, visto que o matrimônio que a ligava a Daniel Wani não era reconhecido pela lei islâmica.

A investigação dos advogados sudaneses mostrava que a origem da questão datava da infância de Meriam, quando o pai abandonara a mulher e a filha, mudara para o sul do país e se casara com outra mulher, com a qual teve dois filhos. Meriam não sabia nada dele, quais as suas feições ou o tom de sua voz, muito menos podia adivinhar que era muçulmano. Sua mãe, uma imigrante de origem etíope e cristã ortodoxa, cuidou dela até 2012, quando morreu. Foi então que os tais irmãos de Meriam surgiram em sua vida: ficaram sabendo da herança, uma empresa de produtos artesanais da Etiópia e uma pequena propriedade agrícola, e decidiram se apropriar de tudo. Elaboraram um plano tão astuto quanto cruel, e não tiveram escrúpulos em executá-lo. Meriam descobriu a existência deles no momento em que recebeu a notificação da denúncia contra ela.

Meses depois, no tribunal, não sabia quem eram, quando se aproximaram dela como se até poucos meses vivessem todos juntos, como uma verdadeira família.

O governo sudanês, ou uma boa parte dele e, sobretudo, o juiz que dera seguimento ao processo depois do alegado, tinham acreditado na versão deles, aceitando a teoria da "muçulmana renegada" que fugira com um cristão.

Capítulo 7

A luz que penetrava pelas grades do dormitório coletivo onde Meriam passava os dias seguintes ao parto parecia mais intensa do que nunca. O sol estava alto e o ar quente e envolvente. Um clima perfeito, que ocorre somente no início do verão em Cartum. Pena que ela e suas crianças estivessem trancadas num cômodo frio e vazio da ala hospitalar da prisão e não pudessem aproveitá-lo por mais de uma hora ao ar livre.

Tinham se passado cinco dias do nascimento de Maya, que estava placidamente agarrada a seu seio. Apesar dos sofrimentos físicos e mentais, do mal-estar e da desolação de seu estado, tinha leite suficiente para ela e para Martin, que de vez em quando pedia.

Naquela manhã estava serena, tinha o coração leve e também os tornozelos. Finalmente sem as algemas. O médico que a examinara, graças à insistência dos advogados, fora inflexível: a prisioneira estava muito fraca e exausta, não podia mais continuar acorrentada. Poucas horas depois tinha chegado a autorização da direção, que ordenava que lhe fossem retiradas as algemas antes de voltar para a cela. A sensação foi maravilhosa, um sopro de liberdade.

A mesma que se respirava em Cartum há alguns dias.

O tribunal da apelação havia acolhido o pedido de revisão da sentença e os advogados de defesa consideravam que havia grande possibilidade de que o veredito de primeira instância fosse revertido. O problema era que, se não fosse anulado, seria aplicada a primeira parte da sentença e Meriam receberia as cem chibatadas pelo crime de adultério. Se ela sobrevivesse, apesar da fragilidade e exaustão, passaria os dois anos seguintes aguardando a execução da pena de morte por enforcamento, suspensa até o fim do aleitamento.

Todavia, nada parecia abalá-la. Meriam tinha certeza de que sairia daquela prisão e voltaria a ser mais livre do que antes. Passava os dias pensando em seu futuro e no de suas crianças, tentava imaginar como seria a sua vida. A pequenina estava bem, mas o parto havia sido uma tortura. Meriam tinha a sensação de que algo não estava bem, principalmente as perninhas, que pareciam particularmente fracas e que mantinha encolhidas numa posição quase artificial, o que a levava a temer que no futuro viesse a ter problemas para caminhar.

Cuidava mais da recém-nascida, como era normal, e Martin se ressentia. Às vezes ficava agressivo, principalmente com a irmãzinha. Viver numa cela, para um menino com menos de dois anos, era perturbador. Não ser mais o centro das atenções da mãe aumentava o desconforto. Por isso, Meriam também esperava – tinha que esperar – que logo estaria livre para retomar a própria vida e proporcionar uma a seus filhos.

* * *

Enquanto Meriam era libertada das correntes em Cartum, os sinais positivos que nos encorajavam a esperar por uma solução positiva do caso eram cada vez mais numerosos e o apoio das instituições, mais contundente. Dez dias depois de recebê-la, o presidente Napolitano respondeu nossa carta, garantindo-nos que seguia o caso com "muita atenção" e que, de acordo com o governo e com pleno respeito à soberania do Sudão e do princípio de separação dos poderes, auspiciava que as palavras da embaixadora Gornass sobre a possível revisão do processo fossem "tempestivamente confirmadas".

Ao mesmo tempo, o Senado dos Estados Unidos aprovava por unanimidade um ato bipartidário que retomava as indicações da Casa Branca e do Departamento do Estado, não se limitando a condenar a acusação de apostasia e a pena a ser aplicada, mas pedia a "libertação imediata e incondicional" da jovem. Alguns dias mais tarde, o secretário de Estado John Kerry se disse "muito preocupado" com uma sentença que atingia a mulher e os filhos de um cidadão norte-americano.

Menos de um mês após o início da campanha, além do grande número de assinaturas, tínhamos recebido milhares de e-mails e mensagens de apoio e adesão. Depois do presidente do Conselho de Ministros, Matteo Renzi, da ministra de Relações Exteriores, Federica Mogherini, e do presidente Napolitano, também a União Europeia expressou perplexidade e preocupação com o destino de Meriam. Com uma nota que apoiava a mobilização internacional a favor da sudanesa de 27 anos, os presidentes do Conselho Europeu, Herman Van Rompuy, da Comissão, José Manuel Barroso e do Parlamento, Martin Schulz, lembraram que "a liberdade de religião é um direito universal altamente valorizado pela União Europeia, que precisa ser protegido em todos os lugares e por todos". As máximas autoridades europeias, que definiam o veredito como "desumano" e pediam a libertação imediata da mulher, lembravam que o Sudão havia ratificado diversos tratados com a ONU e a União Africana, segundo os quais se comprometia em defender e promover a liberdade de culto, que incluía a possibilidade de adotar, mudar e abandonar qualquer religião apenas com base num ato da própria vontade.

Quando eu relatava a Daniel que as instituições norte-americanas e europeias estavam seguindo o caso com atenção, e que a sociedade civil, sobretudo a italiana, tinha se colocado ao lado deles, ele quase não conseguia controlar suas emoções. Continuava a me repetir o quanto essa afinidade era importante, o quanto ele e sua família se sentiam agradecidos. Quando lhe contei que algumas associações católicas tinham organizado uma marcha pacífica e solidária de Macerata a Ancona, e que a multidão de jovens passara o dia rezando por Meriam, Martin e Maya, ele ficou sem palavras.

"O fato de que na Itália e na Europa haja cristãos que rezam por nós... sentir sua solidariedade... é algo indescritível…", balbuciava. "Saber que o coração deles bate com o nosso, demonstra que nada acontece por acaso e que o Senhor está sempre ao nosso lado... Que Deus os abençoe", dizia com arrebatamento, "e vele por minha mulher."

A notícia de que o presidente Napolitano se tivesse feito ouvir o enchia de confiança. O fato de que tivesse usado certas palavras, que tivesse se posicionado claramente e com vigor o tranquilizava. Também porque, me confessou, sentia-se mais protegido pelas autoridades e diplomacia italianas do que pelas norte-americanas, apesar de ser um cidadão americano. De fato era uma percepção certa, fundamentada. A Itália estava fazendo muito mais do que podia e devia fazer para solucionar o caso.

Capítulo 8

Na sede da Comissão Nacional dos Direitos Humanos do Sudão, na Al-Nashat Road, no centro de Cartum, os telefones não paravam de tocar.

Era o dia 16 de junho. Faltavam menos de duas semanas para o Ramadã e isso favorecia Meriam, quase tanto quanto a pressão internacional e o debate que se acalorava no país a respeito do caso.

Embora os jornalistas locais e os enviados do mundo inteiro insistissem para encontrá-lo, Amal Eltinay, presidente da Comissão, não concedeu nenhuma entrevista.

No entanto, a notícia já era de domínio público. O órgão governamental tinha se posicionado ao lado da jovem condenada à morte, considerando que a sentença proferida um mês antes estava em franca contradição com os ditames da Constituição. Questionada pelos advogados de Meriam e pelas organizações que tinham fomentado a mobilização internacional, entre elas a *Italians for Darfur*, a Comissão tinha se pronunciado com um juízo claro, baseado no artigo 38 da

Declaração dos Direitos Humanos, incluída na Constituição transitória de 2005, que determinava que no Sudão "todos têm o direito de professar a crença e a fé escolhidas e são livres para declarar a própria religião e expressá-la através do ensino, da prática e do respeito ao culto".

Nas semanas precedentes, Eltinay estudara profundamente o caso. Em primeiro lugar enviara funcionários à prisão para encontrarem a condenada. Depois, examinara os artigos publicados pela mídia nacional e internacional e interpelara especialistas em direito constitucional. Finalmente, reuniu os outros comissários e, depois de uma avaliação em conjunto, distribuiu um comunicado oficial. Um comunicado conciso, com pouco mais de vinte linhas, no qual informava não só sobre as conclusões da comissão mas também "aconselhava" o governo a agir em conformidade com os tratados internacionais assinados pelo país e as convenções constitucionais, entre elas, a *Declaração dos Direitos Humanos* contida na Constituição.

Além disso, o documento se delongava sobre o comportamento não profissional do juiz de primeira instância, que, se fosse confirmado, acrescentaria mais obscuridade não somente àquela causa, mas ao sistema jurídico em geral.

Os advogados de Meriam animaram-se, sabiam que era um passo importante que conduziria a um percurso bem definido: a anulação da sentença de primeira instância.

* * *

Na Itália, a atenção em Meriam continuava elevada, embora a política atravessasse uma fase turbulenta e os expoentes do governo envolvidos no caso estivessem distraídos pelo que acontecia no parlamento, onde se aprovavam reformas importantes e dolorosas.

Numa das discussões cruciais sobre uma importante medida no Senado, tive a oportunidade de encontrar-me com o vice-ministro das Relações Exteriores, Lapo Pistelli, que mantinha um empenho constante no caso e a quem eu atualizava quanto ao seu andamento através de sua secretaria. Quando me informou que iria partir para uma missão diplomática na região nordeste da África e que, entre as atividades, iria encontrar-se com as autoridades sudanesas, senti uma grande alegria: sabia que faria o possível para visitar Meriam, verificar as condições de sua detenção e ajudar na sua libertação.

Se existia uma diplomacia capaz de convencer Cartum a reformar a sentença absurda, sem dúvida, era a italiana. Nosso país, através da obra do embaixador Barucco, iniciara já fazia tempo, e com a máxima reserva, os contatos com as personalidades influentes do Sudão para se chegar a uma solução positiva e definitiva o mais breve possível. Era importante manter um perfil que não ferisse a suscetibilidade dos sudaneses e não produzisse uma reação descomedida, com resultados imprevisíveis.

Daniel estava muito preocupado e tinha me pedido que solicitasse uma ulterior intervenção italiana porque, apesar dos sinais positivos, temia que alguma coisa pudesse dar errado e não se alcançasse a anulação do julgamento de primeira instância.

Nesse ínterim, os parentes que haviam denunciado a jovem cristã ameaçavam fazer justiça sozinhos. O meio-irmão tinha repetido mais de uma vez que, se Meriam não desse as costas ao cristianismo e retomasse o islamismo, ele a mataria com as próprias mãos, executando a sentença.

Alguns ativistas sudaneses tinham lançado um alarme perturbador: estava se formando em Cartum uma brigada radical com o objetivo de defender as leis islâmicas e, caso o tribunal de apelação subvertesse a sentença, escolheriam atacar Meriam e as crianças como primeiro ato de demonstração.

Desde que se iniciara a "Primavera Árabe", os focos de revolta estavam surgindo em diversos países árabes e africanos, entre os quais o Sudão, governado pelo general Al-Bashir, que tomara o poder com um golpe de Estado em 1989 e desde então governava ininterruptamente, sem o menor escrúpulo em mantê-lo. As praças estavam apinhadas e as estudantes tomavam parte nos protestos ao lado dos colegas do sexo masculino, sofrendo o mesmo tratamento. Numa realidade como a sudanesa, onde ocorria um processo de radicalização da xaria, os serviços de segurança encarregados da repressão dos movimentos antigovernamentais, mais do que respeitar os artigos do Código Penal, utilizavam as penas corporais previstas na lei islâmica. Todos os cidadãos estavam sujeitos a elas, sem nenhuma exceção para os não muçulmanos.

O governo sudanês reagiu duramente, de maneira autoritária e feroz. Os próprios partidos islâmicos foram pegos de surpresa e mostraram algumas reservas, mas não obtiveram resposta. Ao contrário, para garantir maior liberdade de ação e uma difusão mais ampla e profunda da xaria, o governo declarou estado de emergência.

O número de amputações e chibatadas públicas cresceu exponencialmente. A violência não era menor para com jovens e mulheres. E, ao redor de Meriam e seus filhos, respirava-se uma atmosfera pesada, repleta de lágrimas e sangue, de uma ideologia cada vez mais desenfreada e intransigente, claramente contrária aos ditames de qualquer religião, inclusive a muçulmana.

Capítulo 9

Era 23 de junho e Mohaned tinha saído de casa bem cedo, pois desejava estar no tribunal antes do início da audiência de segunda instância. Naquele dia o tribunal de apelação se pronunciaria em relação ao futuro de Meriam. Um futuro não imediato, caso fosse mantida a sentença que a condenava à morte, mas que seria marcado irreversivelmente pela decisão que os juízes estavam por anunciar.

Pouco depois do meio-dia, os cartórios judiciais já estavam abertos, fato raro para os padrões sudaneses.

O jovem advogado estava dirigindo na Al Baladiya Street, quando o celular começou a tocar.

Era o número do escrivão do tribunal.

Mohaned encostou o carro.

A voz ao telefone lhe comunicou que o recurso contra a sentença de primeira instância que condenava sua cliente, protocolado em 21 de maio, tinha sido aceito e, portanto, a decisão condenatória fora anulada.

A tensão das últimas semanas pareceu sumir num instante. Mohaned soltou o cinto de segurança e desceu do automóvel, tinha vontade de gritar. Ele e seus colegas haviam resistido a pressões de todo tipo, passado dias e noites esmiuçando leis e documentos, haviam se alegrado, duvidado e discutido, mas, no fim, venceram.

Ligou imediatamente para Daniel e os outros advogados. Combinaram de se encontrar diante da prisão. Em seguida iriam ao local onde esperariam as formalidades necessárias para a notificação da anulação do veredito. O pesadelo estava acabando. Mas era preciso ser cauteloso, seguir com cuidado. Mais do que tudo, ninguém deveria saber que a jovem logo seria libertada. As trevas ainda não tinham terminado.

Quando o guarda abriu a porta e a diretora da prisão entrou na cela com um documento nas mãos, Meriam entendeu na hora que se tratava da ordem de soltura: a sentença que a havia encarcerado naquela cela miserável e desolada tinha sido anulada, ela estava livre de novo.

Trazia Maya nos braços e a apertou contra o peito. Pela primeira vez, desde que o pesadelo tinha começado, deixou que as lágrimas lhe escorressem pelo rosto. Martin estava inquieto, como se tivesse intuído alguma coisa, como se soubesse que a sua vida iria finalmente recomeçar.

"Pegue suas coisas", disse a diretora num tom frio e ausente, distante anos-luz do fogo que Meriam sentia queimar no peito, na altura do coração. "Depois, pode ir embora."

Meriam levou alguns instantes, com Maya apertada no braço e Martin que não ficava quieto nem um segundo, para juntar umas poucas coisas e ser escoltada pelo guarda a caminho da sala de espera.

Daniel estava ali, na cadeira de rodas. Quando a viu, ficou sem fôlego. Tinha sonhado com aquele momento centenas de vezes: foi muito melhor do que imaginara. Meriam estava magra, cansada, abatida. Estava maravilhosa.

Ela se aproximou e lhe mostrou a pequena Maya.

Daniel estendeu a mão quase com medo e lhe fez um carinho.

Meriam sorriu, fitando-o com seus grandes olhos negros.

Daniel desviou a mão para o seu rosto.

Durante meses não puderam se tocar, nem de leve. Eram dois adúlteros, dois infiéis. Se as autoridades sudanesas não podiam dividir os seus corações, ao menos tinham separado os seus corpos.

Meriam acolheu a carícia e beijou sua mão.

Permaneceram olhos nos olhos por um instante que durou uma eternidade, deixando-se levar pelas emoções. Finalmente juntos.

Enquanto Daniel se familiarizava com Maya e tentava conter Martin, que queria sua atenção de qualquer jeito, os advogados, que tinham assistido ao encontro com a respiração suspensa, tão comovidos quanto eles, atualizaram Meriam quanto ao que estava acontecendo e o que viria a acontecer. A decisão do tribunal de apelação restituíra-lhe a liberdade, mas ainda não era o fim. A tensão estava altíssima e bastaria pouco para fazê-la explodir. Em primeiro lugar, disseram, iriam levá-los para um local seguro, onde poderiam recobrar um pouco de serenidade. Onde ninguém os reconheceria nem lhes tentaria fazer mal. A casa deles, concluíram, não era segura, era necessário encontrar um lugar distante. Do outro lado do mundo.

A organização da viagem para os Estados Unidos, país do qual Daniel era cidadão e que tinha escolhido como meta desde o início, foi rápida e frenética. Em vista da tensão com a diplomacia sudanesa, dirigiram-se à embaixada do Sudão do Sul, o Estado mais jovem do mundo, nascido em 9 de julho de 2011, depois de um referendo e de um conflito de mais de vinte anos, que custara a vida de milhões de pessoas. Os funcionários deram um grande apoio e se esforçaram para encontrar um modo de fazê-los partir o mais rápido possível. Como Meriam e as crianças não tinham passaporte, eles lhes concederam um documento de emergência, uma permissão de viagem por motivos humanitários, que as autorizariam a ir para a capital do Sudão do Sul e, dali, deixar o país. Nos Estados Unidos não haveria problemas, porque a diplomacia norte-americana prontamente concederia o visto.

Tudo corria de maneira veloz. Meriam parecia renascida e Daniel, que finalmente podia estar com Maya e Martin sem nenhuma limitação, não via a hora de partir: ao chegar aos Estados Unidos, iriam diretamente a Manchester, em New Hampshire, onde reencontrariam o irmão e o restante da família. No começo teriam de se contentar com um apartamento pequeno, mas acolhedor, onde tinha vivido quando estudante, mais apropriado para um solteiro do que para uma família com quatro pessoas. Daniel estava convencido de que a comunidade sudanesa os acolheria de braços abertos e cuidaria de tudo para eles.

Naquela primeira noite que passaram juntos, Meriam não conseguiu pregar os olhos. Daniel estava ao seu lado, Maya entre eles, e Martin, que não dormia sozinho há cinco meses, se agitava numa caminha. O quarto do edifício anônimo de Cartum, no qual tinham se alojado temporariamente, estava imerso na penumbra e Meriam os observava e escutava-os respirar.

Estava livre. Ainda não conseguia acreditar. Sabia que aquele momento chegaria, ansiava por ele, mas não esperava que fosse tão cedo. Tinha sido uma grande surpresa. Assim como descobrir que ainda estava em perigo, que, enquanto estivesse em Cartum, qualquer um poderia fazer mal a ela e à sua família. Nos Estados Unidos seria diferente, não ia ter que passar a noite trancada em casa, poderia caminhar sob um céu estrelado e respirar a sua magia.

A propósito, como seria o céu dos Estados Unidos? E como seria viver longe de sua terra?

Meriam não queria deixar o Sudão. Amava seus aromas, suas cores e sons. Eram parte dela. Sabia que ia sentir muita saudade. Mas, se queria viver, não tinha escolha.

* * *

"Meriam está livre! O tribunal de apelação anulou a sentença!"

Khalid não conseguia conter a emoção. Ele e os ativistas de *Sudan Change Now* tinham lutado arduamente para obter aquele resultado, tinham dedicado tempo e energias: saber que tinha dado certo, que tinham conseguido, era uma alegria arrebatadora.

Eu entendia e compartilhava a sua felicidade. Todavia, fazia um esforço para não me deixar levar pelo entusiasmo, mantendo os pés no chão. Não conseguia acreditar que tinha acabado: enquanto não tivesse certeza de que Meriam havia deixado a prisão e estivesse num local seguro, eu não ficava tranquila.

A decisão do tribunal sudanês, que havia ordenado sua libertação, tornou-se pública através da assessoria de imprensa do Estado, SUNA. Uma fonte confiável. Mas, para mim, não era suficiente. Precisava que Daniel ou um dos advogados a confirmasse.

Mohaned finalmente atendeu, depois de alguns telefonemas, e me confirmou que Meriam não estava mais na prisão, embora os juízes fossem comunicar as razões para a soltura somente no dia seguinte.

"Não me interessam as razões, o importante é que ela esteja fora", disse aliviada. "Agora é hora de festejar!"

Mohaned deu uma risadinha, mas, em seguida, recomeçou a falar num tom diferente, inesperadamente sério.

"Eu esperaria um pouco antes de festejar...", disse, acrescentando que estava preocupado com o que poderia acontecer agora, uma vez que Meriam se encontrava livre.

Os supostos parentes representavam uma ameaça real. Especialmente Al-Hadi, o meio-irmão, cuja existência Meriam ignorava até que, sem pré-aviso, a tinha levado ao tribunal. Eu continuava a me perguntar por que, apesar das provas demonstrarem o contrário, seguia afirmando que a história de Meriam era invenção, que havia traído a fé do pai e devia expiar sua culpa.

Mesmo que estivesse convencido de estar certo, como podia sentir tanto ódio contra aquela que considerava sua irmã? Como podia desejar que morresse?

Se me parecia absurdo que alguém com o mesmo sangue de Meriam a quisesse no patíbulo, não me surpreendia que muitos, em Cartum, quisessem que fosse condenada à morte. Compreendi desde o primeiro instante quão profundo era o ressentimento do mundo islâmico em relação a ela. Ela própria tinha consciência disso. No entanto, isso não a havia paralisado. Desde o dia do julgamento estava resoluta, decidida a ir até o fim, porque sabia que estava certa. Cinco meses de prisão não a haviam dobrado e, se a condenação não tivesse sido anulada, ter-se-ia se mantido firme e suportado a prisão para fazer valer suas razões.

Capítulo 10

O sedã escuro da embaixada norte-americana, onde estavam Meriam, sua família e Mohaned, rumava em alta velocidade, seguido pelo automóvel de Sherif com os três advogados a bordo. Tinham percorrido Africa Street e estavam entrando em Hay Al-Matar, próximo ao aeroporto, quando um dos advogados percebeu que estavam sendo seguidos. Não sabiam quem era nem quais seriam as intenções, ainda mais sendo a área controlada pela polícia aeroportuária.

Minutos mais tarde tudo se esclareceu.

Eram homens do serviço secreto sudanês. Como aqueles que os receberam no terminal e que, depois de tê-los cercado, impediram que entrassem na área reservada para o embarque.

Os advogados do casal tentaram se opor, recebendo em troca safanões e ameaças. Instantes depois, Meriam, Daniel e as crianças foram obrigados a deixar o aeroporto e entrar num veículo. Estavam paralisados. E aterrorizados. Não podiam acreditar que estivesse acontecendo de novo. Ela apertava a pequena Maya e rezava: só Deus poderia salvá-la, só a fé lhe dava forças para enfrentar esse novo medo.

Viajaram velozes, sem saber para onde iam. Depois de alguns quilômetros, o veículo parou diante de um edifício baixo e quadrado. Uma delegacia de polícia, na melhor das hipóteses.

Os agentes os escoltaram até o interior e os conduziram a uma grande sala com algumas cadeiras e uma escrivaninha. Deixaram-nos ali, esperando.

Meriam e Daniel repensavam as palavras dos advogados que, antes de serem afastados, tinham tentado tranquilizá-los: provavelmente, explicaram, queriam apenas verificar a autenticidade do documento emitido pela embaixada do Sudão do Sul.

Foi uma espera longa e agitada. Martin não ficava quieto um segundo, Maya chorava, enquanto Meriam e Daniel tentavam tranquilizar um ao outro, dizendo que sim, era um engano, mas nada de sério, que pudesse impedi-los de partir.

Finalmente a porta se abriu. Entrou um funcionário. Falou num tom duro, desdenhoso. Acusou Meriam de tentar deixar o país com um documento falso. Ela, sudanesa, não podia ser autorizada a partir pelo embaixador de outro Estado, mesmo que fosse o de origem do marido.

Foi separada de Daniel e das crianças. Viu-se novamente sozinha, sem um rosto que lhe fosse conhecido, sem ninguém que se preocupasse com ela ou por quem se preocupar. Daniel, que não estava mais em estado de choque, insistiu em ficar. Disse que queria ficar com ela, que não iria embora.

Foi calado bruscamente e obrigado a se refugiar com as crianças na sede diplomática do Sudão do Sul.

Meriam foi conduzida a outra sala menor e, se fosse possível, ainda mais desoladora. Começaram a interrogá-la. Queriam saber aonde pensava ir quando chegasse a Giuba e por que não tinha usado um documento de seu país. Acusaram-na de ter mentido e fornecido dados pessoais falsos. Quando explicou que não tinha passaporte, responderam que deveria entrar em contato com as autoridades competentes, como se não fossem as mesmas autoridades que, até algumas horas antes, a tinham mantido prisioneira com suas crianças, ameaçando enforcá-la.

Tentaram fazê-la assinar uma declaração na qual confessava ter tentado partir ilegalmente, mas Meriam não cedeu.

Deixaram-na sozinha a manhã inteira.

Achavam que poderiam dobrá-la com ameaças, mas Meriam era experiente. Além disso, sabia que era inocente, que agira com absoluta boa-fé. "Deus está ao meu lado", repetia para si mesma, "e vou superar também esta prova." Tinha certeza: não cederia nem desta vez.

* * *

A mensagem de Mohaned gelou o meu sangue. Foi uma punhalada nas costas, uma rasteira a poucos metros da linha de chegada. A alegria pela libertação de Meriam desapareceu num instante, não tinha durado nem 24 horas. Eu não conseguia acreditar que tinha acontecido, não tudo de novo. Eu esperava que se tratasse apenas de um mal-entendido, um obstáculo burocrático.

No entanto, as palavras de Mohaned não deixavam dúvida nem davam espaço para ilusões: "Meriam, Daniel e as crianças foram detidos pelo serviço secreto. Meriam foi levada para um departamento de segurança pública em Cartum".

Perguntei-me o que deveria fazer, se esperar ou divulgar logo a notícia.

Decidi reagir: a provocação do governo sudanês, além de ser a enésima violação dos direitos humanos, merecia uma resposta firme e destemida. Imediata.

Postei uma mensagem no Twitter e em poucos minutos a notícia se espalhou no mundo, pela mídia e pelo boca a boca.

Tentei contatar a embaixadora Gornass, mas não conseguiam encontrá-la. Ela me ligou depois de algumas horas e tentou me tranquilizar, minimizando a situação. Disse que se tratava somente de uma verificação e que Meriam seria liberada em breve. Além de embaixadora, ela era esposa do ministro de Relações Exteriores do Sudão: tentei acreditar nela. Por outro lado, o choque tinha sido muito forte e inesperado, eu precisava de uma esperança, ainda que pequena e efêmera.

Gornass acrescentou que era culpa de Meriam que, em vez de fazer as coisas do modo certo, tinha corrido para o aeroporto e estava pronta para abandonar o país como uma fugitiva e, quando interpelada, tinha mentido sobre os seus dados pessoais. Pelo que sabia, tinha sido parada porque não tinha um documento válido nem uma permissão do tribunal de apelação que atestasse a anulação do processo contra ela.

A versão dos advogados era, porém, completamente diferente. Mohaned e seus colegas falavam de uma verdadeira *blitz*. Uns cinquenta membros da segurança pública enfileirados no aeroporto. Não era possível que fosse por acaso. Não havia dúvidas, diziam, tratava-se de um plano idealizado e planejado.

O embaixador italiano em Cartum confirmava que a mulher estava detida numa delegacia de polícia sob a acusação de falsificação de documentos. Mas se dizia otimista, estava convencido de que a situação seria resolvida em poucas horas.

Nesse meio-tempo, o ministro de Relações Exteriores sudanês convocara os representantes diplomáticos do Sudão do Sul e dos Estados Unidos e não fizera nada para esconder a irritação diante do que, a seu ver, constituía uma grave interferência e um ato hostil. O "documento de viagem de emergência" de Meriam, cidadã sudanesa, tinha sido emitido pela embaixada do Sudão do Sul, e por isso não era válido. Não constava que o marido fosse originário do Sudão do Sul: para Cartum aquele documento de nada valia. Além disso, Meriam tinha um visto norte-americano concedido sem autorização. E com o seu nome de cristã. Usar aquele documento equivalia a cometer um delito punível com uma pena máxima de até sete anos de prisão.

O porta-voz do ministro Karti declarou que Meriam poderia juntar-se a sua família e viajar livremente assim que cumprisse as exigências burocráticas e conseguisse um documento de identificação regular.

O governo estava surpreso de que um procedimento-padrão criasse tanto alvoroço: qual Estado, inclusive os ocidentais, permitiria que um cidadão se deslocasse no país com um documento irregular?

A embaixadora Amira Gornass continuava se mostrando cooperativa e repetia que se tratava apenas de um inconveniente, uma última reviravolta num caso complexo, envolvendo poderes e confrontando diversas frentes. Mas o pior já tinha passado. Era preciso ter confiança, esperar que Cartum concedesse o passaporte a Meriam e finalmente poderíamos colocar um ponto final na história.

"É um pequeno problema", insistia Gornass. "Um documento errado. Não há motivo para se preocupar. Ninguém tem interesse em retê-la contra a sua vontade."

Não obstante as palavras tranquilizadoras, eu continuava me sentindo inquieta, intuía que a situação era muito mais complicada do que ela dizia. Ninguém admitia, mas o problema era também, e principalmente, político.

Os sudaneses não permitiriam que Meriam deixasse o país facilmente, ainda mais agora com o envolvimento dos Estados Unidos, com os quais as relações tinham sido sempre difíceis. O regime, que tinha enfrentado forçosamente uma enorme pressão internacional, pretendia se aproveitar da tensão para influenciar o mais possível as dinâmicas políticas e religiosas internas.

A opinião pública em sua maioria estava convencida de que a jovem, culpada de apostasia e adultério, tinha de pagar pela afronta perpetrada contra Alá. A fim de que outros não fossem encorajados a infringir os preceitos do Alcorão, Meriam deveria ser punida com uma pena adequada ao delito que tinha cometido conscientemente e sem arrependimento.

Alguns mulás refutavam a anulação da sentença e pediam um novo processo. Bashir e seu governo estavam pressionados entre duas frentes e não podiam desagradar os seus apoiadores mais fervorosos, aos quais, após a declaração de independência do Sudão do Sul, o presidente golpista prometera tornar o país ainda mais islâmico e a *xaria* mais influente.

Isso complicava bastante o caso.

Capítulo 11

Passou-se um dia inteiro.
Vinte e quatro horas de espera, incerteza e medo.
Finalmente, graças ao pagamento de uma fiança e a intervenção de um amigo rico de Sherif e Mohaned, que tinha dado garantia por Meriam, o NISS, Serviço de Inteligência e Segurança Sudanês, que dispunha de grandes poderes e influenciava veladamente os acontecimentos políticos do país, decidiu liberá-la. Meriam recebeu a notícia com uma alegria recatada e certa preocupação.

Daniel, Martin, Maya e os advogados a estavam esperando num local seguro. Os agentes a escoltaram na saída do edifício e a acompanharam até o táxi. Meriam deu o endereço ao motorista e o veículo partiu. Estava sozinha, de novo, mas pela primeira vez desde que saíra da prisão. Sentada no banco traseiro, estava em silêncio, com os olhos fixados, através da janelinha, naquele céu imenso no qual deveria ter voado no dia anterior.

Foi uma viagem curta, nem dez minutos. Quando o automóvel parou diante do local indicado, Meriam não teve tempo de abrir a porta e ficar em pé antes que Martin corresse ao seu encontro e abraçasse suas pernas cansadas e finas, enquanto Daniel, que tinha a pequena Maya no colo, a esperava diante da porta. Atrás dele os advogados, sua família ampliada.

Meriam se juntou a eles e abraçou um a um, com ardor e discrição, uma espécie de pudor. Além disso, estava cansada demais para se deixar levar pelo entusiasmo. E, provavelmente, não tinha motivo. Entendera que os imprevistos e as complicações estavam sempre atrás da porta, que havia quem faria de tudo para impedir a viagem, começando com os supostos parentes e os que, estimulados pela retórica anticristã, não tinham aceitado o acórdão da apelação e que, então, não se cansavam de repetir que se encarregariam de punir a ela e a seu marido, e os que, escondidos nas sombras, tinham organizado a *blitz* no aeroporto.

A tensão e o cansaço eram palpáveis, como quando ao atingir o cume de uma montanha se descobre que a parte mais difícil não foi a subida, mas a descida, os passos que o separam da chegada. Esperando o veículo que os conduziria à embaixada norte-americana, decidiram não perder tempo e se dedicaram a organizar a viagem. Era preciso fazer as coisas direito, prestar atenção a cada detalhe e não repetir os mesmos erros de antes.

Em primeiro lugar, Meriam preencheu os formulários para obter um novo documento de identidade, um que servisse no Sudão e no resto do mundo, um simples pedaço de papel com grande poder. Ao mesmo tempo, Mohaned e os outros advogados preparavam o recurso contra a acusação de falsificação de documentos.

Se o representante norte-americano, confiando nas garantias de seu colega sudanês, estava convencido de que era uma questão simples, que resolveriam em pouco tempo, os advogados de Meriam não conseguiam disfarçar a preocupação. Era inútil ter ilusões, o problema era sério: se Meriam fosse acusada de ter falsificado um documento, arriscaria ser processada de novo e, se fosse considerada responsável pelo delito, arriscaria uma condenação de sete anos de prisão.

Finalmente o Serviço Secreto norte-americano autorizou a transferência e, enquanto a enorme esfera amarela que tinha iluminado e aquecido o enésimo dia de paixão estava se dissipando na escuridão da noite africana, o veículo da representação, um grande automóvel blindado com vidros escuros, levou Meriam e a família para a embaixada. Esperando-os não estavam apenas os diplomatas, mas dezenas de jornalistas, armados de microfones, câmeras e blocos de anotações. Também havia alguns agentes do NISS à paisana, prontos para se aproveitar do menor obstáculo.

"Se quiser", disse Mohaned a Meriam, "pode responder a qualquer pergunta. Porém, preste atenção", ela a preveniu, fitando-a nos olhos, "tenha cautela."

Meriam, na verdade, queria apenas entrar na embaixada e fechar a porta, deixando toda aquela confusão lá fora. Todavia, devido à pressão, respondeu várias perguntas. Suas respostas, porém, seguiam sempre o mesmo roteiro, que para ela eram as questões mais importantes: "Estou bem", repetia, "agora quero ficar com meu marido e meus filhos e, principalmente, desejo agradecer os que estiveram perto de mim e me apoiaram…".

Mencionou a família, os ativistas, os advogados…e antes de tudo Deus, aquele Deus pelo qual tinha sido condenada, pelo qual tinha aguentado as correntes, humilhações e ameaças, mas que nunca a tinha abandonado, iluminando o caminho quando as trevas se faziam mais escuras e quase a deixavam sem fôlego.

* * *

Eu passei um dia infernal, do ponto de vista emocional e prático, em virtude da incerteza quanto ao destino de Meriam. Comuniquei-me inúmeras vezes através de mensagens de texto ou de voz com os advogados dela. E era sempre a mesma história: "ainda não sabemos de nada" e "vamos nos falando". As notícias se sucediam, se misturavam e se contradiziam, era um contínuo passar da esperança ao medo, da ansiedade à ilusão. Eu me sentia como uma náufraga no meio de uma tempestade que, cada vez que avistava terra, uma onda surgia e era arremessada longe.

O embaixador Barucco era um dos poucos pontos fixos, um porto seguro e tranquilo: tinha estado ao lado de Meriam desde o primeiro instante, imagine se a deixaria logo agora, depois de todo o esforço que havíamos feito e a poucos passos da meta. Atuava em sinergia com o vice-ministro Pistelli, que justamente naqueles dias começaria sua visita pela África, e cumpriria uma delicada tarefa de ligação entre a diplomacia norte-americana e a sudanesa, que, segundo ele, não tinha o menor interesse em segurá-la, ou pior, criar um confronto: "Queremos todos a mesma coisa, a libertação de Meriam", afirmava. "É preciso apenas entender como obtê-la."

Mohaned ligou por volta das 10 horas da noite: "Conseguimos", disse com um tom que traía a satisfação, mas, principalmente, o cansaço acumulado no curso do longo dia, "a família Wani está na embaixada".

Explicou-me que os Estados Unidos tinham deixado de delongas e acolhido Daniel, que possuía cidadania americana, e a família em sua sede diplomática. Era um sinal forte e claro, um passo tangível na direção certa.

"Espere", acrescentou, "alguém aqui quer falar com você..."

"O quê?"

Ele me pegou de surpresa.

Mas a voz que começou a falar do outro lado da linha me deixou realmente sem palavras.

Até então nunca a tinha ouvido. Ao vivo, quero dizer. Eu conhecia as suas palavras, tinha lido a transcrição do processo e visto algumas imagens na internet e na TV. Mas nunca tínhamos nos falado diretamente. Embora se envergonhasse de seu inglês, embora se esforçasse para continuar de pé, tendo a cabeça e o coração transtornados, mesmo vindo de uma prisão sem motivo e de uma frustração enorme, Meriam fazia questão de me agradecer pessoalmente e de me fazer entender o quanto eu, a minha associação e os que estiveram junto dela com palavras, atos e preces tínhamos sido importantes.

Eu a escutei mais com o coração do que com a cabeça e as suas palavras, pronunciadas num inglês sem naturalidade, eram como as peças de um quebra-cabeça que encontravam o lugar certo, que davam sentido ao todo. A sua voz transmitia todo o cansaço e a alegria que experimentara. E nos tornava ainda mais próximas.

Daniel também quis falar comigo, também para me agradecer, para me dizer como estava feliz. Mas, também ele, como todos, demonstrava cautela. Apesar da satisfação de estar novamente com a mulher, sabia que o governo faria de tudo para impedir a partida deles: a *blitz* que os tinha parado no aeroporto não fora uma iniciativa equivocada do serviço, mas fora autorizada, provavelmente ordenada pelo regime.

"Vão nos fazer pagar por tudo", suspirou, "até o último instante."

Capítulo 12

Os dias giravam completamente em torno de Martin e Maya, e o tempo era marcado por suas exigências, de papinhas a fraldas, de banhos no banheiro dos funcionários aos momentos de brincadeira e repouso.

Meriam e sua família estavam acomodados na biblioteca da embaixada, uma sala espaçosa a poucos passos do refeitório e da área dedicada ao lazer. As prateleiras e a grande mesa de leitura tinham sido deslocadas para dar lugar a quatro leitos e bagagens, que continham tudo que Meriam e Daniel levariam para a sua nova vida. Além disso, todos os dias, doadores mais ou menos anônimos entregavam pacotes com brinquedos, alimentos e vestuário, que tornavam o cotidiano mais tolerável e menos repetitivo.

Meriam, porém, começava a ficar impaciente. É verdade que a embaixada era um refúgio confortável e seguro, nada a ver com a cela na qual ficara presa até alguns dias antes. Porém, era blindada e Meriam não aguentava mais não poder sair, dar um passeio ou encontrar os poucos amigos que tinham restado.

Mohaned e os outros advogados os visitavam todos os dias e os atualizavam quanto ao andamento das tratativas. No dia seguinte à liberação, apresentaram o pedido, com muitas fotos e certificados, para a emissão de um novo passaporte. Mas havia outras questões a serem enfrentadas. Em primeiro lugar a acusação relativa à permissão concedida pela embaixada do Sudão do Sul. Em segundo, o novo ofício dos supostos familiares contra o seu matrimônio, que, com base na *xaria*, deveria ser anulado.

Era uma situação complicada.

Em teoria Meriam estava livre; de fato era de novo prisioneira, detida por um sistema burocrático e judiciário disparatado e propositadamente lento, que não parecia mirar a justiça, mas a opressão. E desejava fazê-la pagar caro pela escolha de ser livre, além de cristã.

Já fazia uma semana que os juízes do tribunal de apelação haviam anulado a condenação à morte por apostasia. A liberdade, porém, durara poucas horas. E fora interrompida no melhor momento, a poucos minutos do embarque, no momento em que a sua nova vida alçaria voo.

Na hora, quando a pararam no aeroporto, Meriam temera que o pesadelo da prisão recomeçaria. As horas passadas sob a custódia das forças de segurança foram difíceis, embora não a tenham perturbado tanto depois do que passara na prisão. A espera na embaixada, a "gaiola dourada" na qual ela e a sua família estavam presas, começava a pesar muito mais. Essa foi a mensagem que passei ao vice-ministro italiano de Relações Exteriores quando, antes de deixar o Sudão, consegui encontrá-lo.

Pistelli, que se tinha mantido firme e resoluto, obtivera permissão para encontrá-la e o fizera em companhia do embaixador Barucco. Nos poucos minutos que passaram juntos, reforçou o apoio e o suporte que não era apenas seu, mas de uma nação inteira, assegurou-lhe, e relatou que tinha falado de seu caso com as autoridades: "Não é o momento de fazer pressão", explicou. "O diálogo e a cooperação com o governo sudanês são o único caminho a percorrer."

Antes que Meriam e Daniel pudessem retrucar, transformando em palavras a preocupação que toldava seus olhos, o vice-ministro acrescentou: "Eu sei, não é fácil, não consigo imaginar o quanto já sofreram. Mas falta pouco, está chegando ao fim. Peço-lhes apenas para terem paciência, para aguentarem mais um pouco…".

Era preciso aguardar algumas semanas para o fim do prazo protocolar do recurso contra a sentença de segunda instância. Àquela altura teriam recebido os documentos e a Itália contribuiria ativamente para organizar a viagem aos Estados Unidos.

* * *

O vice-ministro Pistelli partiu. No entanto a presença italiana em Cartum não só continuou com o embaixador Barucco, mas também aumentou em uma pessoa: eu.

Alguns meses antes eu tinha planejado uma viagem a Darfur, uma província desértica no Sudão ocidental, onde a minha associação colaborava com o hospital público da capital, Niala. Havíamos doado um ambulatório e contribuído para seu funcionamento com equipamentos importantes, para uso gratuito pela comunidade local, afligida por uma crise humanitária tão profunda e antiga que parecia parte de seu destino ou DNA, como a pele escura e os olhos grandes de suas crianças. A viagem representava o fim de um percurso absorvente e apaixonante. E, de alguma maneira, o início de outro. Assim, não perdi tempo, decidi prolongá-la por alguns dias e fazer uma escala na capital sudanesa. Por Meriam.

Cartum, uma cidade com mais de cinco milhões de habitantes, localizada na parte centro-oriental do país, onde o Nilo Branco se encontra com o Nilo Azul, em que eu já estivera várias vezes, estava imersa numa atmosfera silenciosa e preguiçosa, a que se respira somente depois da *Jumu'ah*, a prece de sexta-feira. Os escritórios estavam fechados, o tráfego, geralmente caótico e bastante rumoroso, fluía plácido às margens do Nilo e nas principais ruas. Cheguei rapidamente à embaixada, pouco distante do hotel, antes do que havia pensado.

Foi bom.

Os procedimentos para entrar foram extremamente rígidos e rigorosos. Os agentes examinaram os documentos, inspecionaram a bagagem e me obrigaram a deixar a câmera fotográfica, o *tablet* e o telefone em custódia. Em seguida me conduziram para a parte mais baixa da sede diplomática, um cubo de cimento e aço, cercado por uma grade alta e monitorado por uma infinidade de câmeras. Fui recebida por uma funcionária, uma jovem amável e sorridente, que me precedeu por um caminho arborizado através de um jardim exuberante e bem cuidado, até a área de lazer. Era hora do almoço e no refeitório alguns funcionários estavam acabando de comer. Logo que a funcionária explicou quem eu era, exclamaram em uníssono: "Até que enfim!".

Explicaram-me que naquele dia Meriam e Daniel não paravam de perguntar por mim, se tinha aterrissado, quando chegaria etc., como se fosse a única coisa importante. Fiquei impressionada e senti um grande prazer: saber que a minha visita era tão esperada me deixou orgulhosa. Ao mesmo tempo, minhas emoções aumentaram, a ponto de, ao bater na porta da antiga biblioteca, quase não fazer barulho. De fato, ninguém respondeu. Bati de novo, desta vez mais decidida e, depois de poucos instantes, a porta se abriu. Uma jovem loira me estendeu a mão e se apresentou: chamava-se Patricia e era responsável pelo "arquivo Wani", como o chamavam os americanos.

Em seguida, afastou-se e me acenou para entrar.

Sorri, tomei fôlego e entrei.

Meriam não estava, dava banho no pequeno Martin, enquanto Daniel, na cadeira de rodas, olhava o celular. Logo que percebeu minha chegada, enfiou-o no bolsinho da camisa, ergueu os ombros e, sem me dar tempo de ir a seu encontro, acionou a cadeira e se aproximou. Apertando-me a mão, fitou-me com olhos que diziam muito mais do que as palavras de agradecimento que se seguiram.

Perguntou-me da viagem e quanto tempo pretendia ficar. Expliquei-lhe que ia para Darfur, por causa do projeto de cooperação com o hospital de Niala, e que ficaria poucos dias em Cartum, só o tempo de encontrá-los.

De repente, ouvi um vagido. Virei-me. Na cama, atrás de mim, estava Maya.

Aproximei-me.

Vestia um macacãozinho amarelo e azul com a escrita "I love ocean". Tinha um mar de cabelos negros escuros que acentuava a luminosidade de seus olhos atentos e curiosos. Fiquei ali a observando, quase paralisada pela emoção. Eu tinha chorado, sofrido e lutado por ela, e agora, finalmente, estava diante de mim. Eu estava diante do testemunho de um amor que tinha superado os confins de uma nação e alcançado os corações de milhares de pessoas.

"Posso pegá-la?", pedi, timidamente.

Daniel sorriu: "Claro…".

Peguei-a nos braços, senti seu cheirinho, nossos olhares se encontraram. Ela era linda.

Naquele instante, Meriam entrou na sala com Martin nos braços. Usava um vestido florido e os longos cabelos trançados. Estava mais magra do que me lembrava, e me perguntei como era possível que uma mulher tão pequena dispusesse de uma coragem e uma determinação tão grandes.

Ela sorriu. Eu sorri. Em seguida, enquanto enxugava e vestia Martin, recoloquei Maya na cama.

Era estranho: eu estava na África, a milhares de quilômetros da minha vida, na companhia de pessoas que tinham uma história muitíssimo diferente da minha; no entanto, naquele momento íntimo e cotidiano, naquele gesto tão delicado, eu me sentia em casa, em família. Como se fosse o meu lugar no mundo.

Em primeiro lugar lhes dei os presentes que tinha trazido da Itália: uma agenda com capa de couro para Daniel, uma raposa de pelúcia para Martin, um vestidinho branco com florzinhas azuis para Maya e um lenço de seda para Meriam. Receberam e desembrulharam os pacotes sem constrangimento algum, com simplicidade, como se faz quando se recebe um presente com o coração, sem cerimônias nem reverência.

Em seguida, enquanto Martin brincava com sua raposa, sentamo-nos à única mesa sobrevivente da transformação da biblioteca em acampamento e, ajudadas por Daniel, começamos a conversar.

Perguntei-lhe como se sentia, se tinha recuperado um pouco as forças e o que dissera o médico que a tinha examinado.

"Eu estou bem, mas preocupada com ela...", respondeu indicando a pequena que dormia na cama, uma pérola negra no mar branco dos lençóis. "Eu dei à luz com as algemas, as pernas presas... Tenho medo de que tenha se machucado, que possa ter dificuldades para caminhar..."

"O médico descartou lesões e malformações", interveio Daniel, com voz firme e tranquilizadora, "devemos ter confiança. Maya está bem" acrescentou, segurando sua mão, "agora estamos todos bem..."

Conversamos por cerca de uma hora e durante todo o tempo não pude deixar de notar com quanta doçura a olhava e falava com ela, e quão forte e poderoso era o amor que os unia, como fora decisivo para enfrentar o caminho tempestuoso que estavam tentando deixar para trás de qualquer maneira.

Antes de me despedir, perguntei-lhes qual era o maior desejo deles. Meriam sorriu, abaixou os olhos e respondeu num tom tímido, quase como se sentisse vergonha, se pedisse algo impossível: "Eu gostaria de encontrar o Papa...".

Fitei-a em seus olhos grandes e luminosos e entendi mais uma vez como sua fé era autêntica e profunda, quanta vida havia introduzido em seus dias. Prometi-lhe que faria o possível para ajudá-la, para tornar seu sonho realidade. No fundo, já se tinha manifestado um milagre, a sua libertação. Nada impedia de acreditar que outros, mais cedo ou mais tarde, pudessem suceder.

Capítulo 13

Meriam e sua família estavam na embaixada há três semanas.

Vinte longos, lentos e incertos dias, dominados pela espera e marcados pela rotina, que, da condenação e coação, tinha se transformado num ponto de apoio fundamental: o único modo de manter a cabeça no lugar naquela realidade de pernas para o ar consistia em procurar e recriar uma espécie de normalidade, de vida familiar sossegada e quase banal.

No fim das contas, Meriam estava feliz. É verdade que não estava livre como desejava e sabia que metade do seu país a detestava e a queria morta, ou ao menos na prisão, mas, apesar da desilusão e do desprazer, sentia que tinha razão. E sabia que tinha Deus ao seu lado. Se fizera tudo o que tinha feito, se suportara ameaças, pressões, humilhações, se não se perdera e mantivera a cabeça erguida, ela o devia à família, aos ativistas, mas sobretudo à própria fé. Deus a tinha escolhido e sustentado nos momentos mais sombrios, tinha sido arrimo, âncora e luz. O que dava sentido ao passado e esperança num futuro, que, nos momentos de solidão forçada, decidiu dedicar ao próximo, à defesa dos direitos inalienáveis e da liberdade religiosa. Meriam jamais pensara em se tornar um símbolo, mas agora que, contra a sua vontade, se estava tornando, não iria esquivar-se da responsabilidade, ao contrário: faria o melhor possível, elevando sua voz e mostrando sua face. Era o seu destino, a sua missão.

Visto que desde o dia de sua prisão não tinha mais ido à igreja, pediu ao embaixador para ir. Sentia necessidade de se confessar, tomar a comunhão e rezar diante da cruz, símbolo de misericórdia e redenção, sinal do amor de Jesus pelo ser humano, que participa de seu sofrimento e dá força para suportá-lo.

O diplomata, que agora já a conhecia, foi cortês e compreensivo, mas tentou dissuadi-la de todos os modos. É claro que não podia impedi-la, mas, ao sair, estando fora da embaixada, não poderia protegê-la. Nem das agressões nem de uma eventual detenção ligada ao inquérito da suposta falsificação dos documentos. Tinha a aconselhado a ter paciência, a evitar atitudes que pudessem parecer provocações, arriscando pôr tudo a perder. Meriam suspirou, depois sorriu: sabia que o Senhor ficaria ao seu lado. Estivera com ela na cela miserável de Omdurman e durante o parto, não iria abandoná-la logo agora.

Embora vazassem do tribunal sinais de distensão, os advogados do *Sudam Justice Center* temiam que as acusações não fossem arquivadas tão facilmente e continuavam a pedir cautela. Além disso, havia a questão dos parentes: mesmo que não tivessem recebido nenhuma comunicação oficial, sabiam que os supostos familiares de Meriam, capitaneados pelo meio-irmão, estavam decididos a pedir a anulação do matrimônio e tinham intenção de ir até o fim.

Todavia, se a magistratura parecia perseverar com particular dureza, o governo continuava a tomar distância de tal atitude e a repetir que, uma vez recebido o passaporte válido, Meriam poderia partir sem problemas.

* * *

Tinham sido meses difíceis e atribulados, que consumiram todas as minhas energias, levando-me a deixar de lado os meus interesses e a esquecer de mim mesma. Assim, já que o caso de Meriam parecia estar numa fase de impasse, me convenci a conceder-me uma pausa, umas pequenas férias.

Reservei uma acomodação e uma passagem aérea e, poucos dias depois, me vi entre os canais, as igrejas e os elegantes palácios de São Petersburgo, a segunda maior cidade da Rússia, por muito tempo a capital do império dos czares, além de centro artístico e cultural de primeira categoria. Não sabia que justamente naqueles dias o governo italiano estava para levar a cabo uma operação planejada em acordo com o governo sudanês e conduzida em grande segredo.

Eu estava no átrio da Catedral do Sangue Derramado, uma das mais belas, ricas e bizarras que já visitara, quando, no meio da tarde, recebi um telefonema da Itália, mais exatamente do meu contato com a embaixada sudanesa em Roma. Fui informada de que o vice-ministro Pistelli tinha acabado de chegar à sede diplomática e estava em reunião com a embaixadora Gornass.

Entendi logo que se tratava de algo importante.

Contatei os ativistas do *Sudan Change Now*, mas, não só não sabiam nada sobre o encontro, como também não tinham notícia de qualquer mudança na situação jurídica de Meriam. Liguei para o embaixador Barucco, mas ele não estava. Tentei o telefone de serviço, mas estava desligado. Lembrei-me de que ele também deveria tirar alguns dias de férias. No fim falei com Mohaned que, como os demais, não sabia de nada a não ser que o juiz que cuidava do processo da falsificação de documentos ter-se-ia manifestado a favor do pedido de arquivamento até a primeira semana de agosto. Nada mais, nenhuma novidade, nenhuma mudança. Ao menos, nada iminente.

Na verdade, o ministro de Relações Exteriores do Sudão, Karti, soubera, através do colega do ministério do Interior, que o passaporte de Meriam estaria pronto até o fim do dia e logo avisara Pistelli. Por sua vez, o vice-ministro contatara o Palazzo Chigi – sede do governo italiano – e sugerira a Matteo Renzi que aproveitasse a ocasião e organizasse a viagem entre o Sudão e os Estados Unidos.

Era uma operação diplomática complexa, acontecendo em várias instâncias, e era preciso estarem atentos para não suscitar a irritação de nenhuma das partes envolvidas.

O primeiro-ministro sabia disso e excepcionalmente decidira deixar de lado a diplomacia aberta e privilegiar o diálogo sigiloso. Era o único caminho a tomar, o único que um país como o Sudão, sofrendo pressões internacionais e precisando se mostrar internamente forte, poderia aceitar. Os norte-americanos, por sua vez, não se podiam mostrar impacientes nem imprudentes, mas, ao mesmo tempo, não podiam retroceder, tinham a obrigação legal de intervir. A Itália não, já que não tinha nenhum vínculo jurídico e respondia apenas a um imperativo moral. Por isso estava ainda mais determinada.

Lapo Pistelli, do alto da própria experiência e fortalecido pela credibilidade que obtivera nos encontros com as autoridades sudanesas, estava convencido de que a disponibilidade italiana seria a chave para desbloquear o impasse. De fato, tiraria Cartum da situação embaraçosa de que fosse a administração norte-americana a garantir a emigração de alguém que, por conta de um curto-circuito midiático e substancial entre o poder jurídico e o poder político, tinha criado tantos problemas.

O primeiro-ministro Renzi, que entendera que a operação seria uma mensagem importante para a comunidade internacional e uma ocasião para agir conforme as palavras pronunciadas em Estrasburgo, quando pusera a Europa diante das próprias responsabilidades, autorizara sem hesitar a partida de um voo direto ao Sudão, bem a tempo de permitir que Pistelli fosse à embaixada sudanesa e obtivesse o visto para ele e seu pessoal. O presidente Napolitano, que acolhera e sustentara o apelo dos ativistas e posicionara o país a favor dos direitos humanos e da liberdade, dizendo-se determinado a chegar a uma conclusão definitiva e satisfatória, só pôde dar sua aprovação.

Capítulo 14

Mais ou menos às três da madrugada, a sede diplomática norte-americana em Cartum se animou.

O embaixador, que fora alertado, mas preferira não dizer nada nem a Meriam nem a Daniel, bateu na porta de forma frenética: "Vamos, chegou a hora!".

Meriam se levantou num segundo e, sem perder tempo, começou a recolher seus pertences. Enquanto Daniel cuidava de Martin e a pequena Maya continuava dormindo, a porta se abriu: era o vice-ministro italiano, que tinham encontrado alguns dias antes, sorrindo tão satisfeito que não conseguiram deixar de sorrir também.

A comemoração, porém, durou o tempo de um abraço: quase sem perceber, Meriam se viu num veículo, no aeroporto e na pista de decolagem, diante do avião da presidência do Conselho Italiano.

Não teve tempo de se despedir de ninguém, nem dos amigos nem dos advogados que haviam permanecido ao seu lado durante todo o cativeiro. A operação fora executada com o máximo de sigilo. E deveria continuar assim até o último instante, até a tão esperada conclusão. Era parte dos acordos entre a diplomacia italiana e a sudanesa. Quando, poucas horas antes, Pistelli aterrissara no Sudão e encontrara-se com o ministro de Relações Exteriores, precisara negociar algumas condições. Antes de tudo, o regime centro-africano não pretendia, mas "augurava" que, uma vez em solo italiano, não fossem feitas declarações à imprensa nacional e muito menos à internacional; exceto agradecendo pela libertação. Meriam não poderia exprimir juízos sobre o governo ou sobre a magistratura sudanesa. Além disso, os italianos deveriam minimizar o envolvimento dos norte-americanos: se tinham chegado àquele ponto era porque a Itália nunca se expusera excessivamente nem adotara uma atitude "arrogante", mas agira com pleno respeito à soberania nacional.

Pistelli aceitara as condições com realismo e satisfação, convencido de que o caso de Meriam, uma vez sedimentado, poderia acionar uma evolução positiva no contexto religioso e jurídico do país. Por outro lado, Karti, como outros expoentes de destaque do governo, distanciara-se da postura da magistratura e ressaltara a excepcionalidade, visto que nos últimos vinte e cinco anos não houvera nenhum processo por apostasia e, anteriormente, ninguém chegara à pena capital. O de Meriam Yehya Ibrahim Ishag era um caso extremo que, porém, levava a várias e sérias perguntas. Mais cedo ou mais tarde chegaria a hora de enfrentá-las, de encontrar uma resposta para a sede de justiça e liberdade que animava a população.

* * *

"Com Meriam, Maya, Martin e Daniel, dentro de poucos minutos em Roma. Missão cumprida."

Pistelli anunciou a iminente aterrissagem numa postagem no Facebook com várias fotos que o mostravam no avião da presidência do Conselho com Meriam, que tinha Maya nos braços e Martin ao seu lado, segurando uma mamadeira cheia de leite.

Eu vi a postagem quando estava embarcando para Roma. Oficialmente ninguém me tinha informado da operação; na verdade eu sabia mais ou menos de tudo.

Às sete da manhã, Mohaned tinha me enviado uma mensagem: "Meriam está chegando a Roma. Ótimo trabalho".

Poucas palavras, que deixavam transparecer o desgosto de ter sido deixada no escuro a respeito de uma operação pela qual tinha lutado com todas as forças desde o princípio. Era compreensível, humano, mas, naquele momento, secundário: o que contava era o resultado, pouco importava quem levasse o mérito.

Tanto mais que algumas horas depois, quando consegui falar com ele, o vice-ministro Pistelli barrou qualquer frustração, minha e de muitos ativistas: "Sinto muito não tê-la avisado, mas foi uma operação muito delicada e fomos obrigados a manter o máximo sigilo".

Respondi que o importante era que Meriam e a sua família estivessem a salvo. E acrescentei que, logo que aterrissassem, eu me juntaria a eles, bastando que me dissesse para onde ir.

"Fique tranquila, Meriam não irá embora sem vê-la. Acredito que seja a primeira a querer isso, não sei se notou o vestido de Maya na foto..."

Não, com toda aquela confusão não tinha notado que usava o vestidinho que lhe dera, quando os encontrara no Sudão. De qualquer maneira, disse a mim mesma, eu estava com eles. Tinha estado antes, quando estavam na prisão, cercados pela miséria e degradação. Estava agora, enquanto voavam nas asas da liberdade.

Embarquei feliz e me pareceu a viagem mais longa da minha vida. Logo que pus os pés no aeroporto de Roma, liguei para Pistelli. Ele me disse que, depois do encontro com Renzi, o presidente do Conselho, e Mogherini, a ministra de Relações Exteriores, Meriam e a sua família tinham sido levadas para um local tranquilo, onde poderiam descansar e se recuperar; realmente pôr os pés em terra.

Antes de me despedir, lembrei-o de que Meriam tinha expressado o desejo de ver o Papa e que eu estava me empenhado em ajudá-la e que, tendo-lhe contado, ele também estava comprometido comigo.

Respondeu que não se tinha esquecido e que estava cuidando do assunto.

Logo que teve liberdade de agir, Matteo Renzi tinha informado a Santa Sé da operação. O Papa Francisco, que seguira o caso de perto, participando, esforçando-se o máximo possível pela libertação de Meriam, expressou reconhecimento e gratidão ao governo italiano, além de uma profunda satisfação pelo final feliz. Até o momento, porém, não estava previsto nenhum encontro.

Eu lhe disse que, se quisesse, eu poderia consultar o porta-voz da Santa Sé, com o qual semanas antes eu tivera oportunidade de discutir o caso, para saber se havia alguma novidade.

Pistelli me deu carta branca e liguei imediatamente para o Padre Federico Lombardi – jesuíta, nomeado diretor da Sala de Imprensa do Vaticano por Bento XVI –, que foi pego de surpresa: certamente se lembrava do caso e confirmava que o Santo Padre tinha conhecimento do desejo da jovem cristã, mas, até onde sabia, ainda não se tinha manifestado. Acrescentou que iria informar-se e me ligaria o mais rápido possível.

A dúvida terminou menos de uma hora mais tarde: o encontro iria acontecer. Não no Vaticano, mas em Santa Marta, o convento que hospedava os cardeais durante o conclave e onde Bergoglio decidira ficar, recusando o luxo dos aposentos do Palácio Apostólico.

Às 12h45 Meriam receberia a bênção e o abraço de quem representava a referência de sua fé. Finalmente renasceria.

Capítulo 15

Depois de seis horas passadas nas alturas, entre mamadeiras e fraldas, conversas animadas e sono descontínuo, a família Wani estava prestes a pôr os pés na Itália e dar o primeiro passo de uma vida nova. Martin, na verdade, já o fazia muito bem, visto que não parava de andar pelo corredor. Meriam, ao contrário, mantinha o olhar na janelinha, no céu azul e límpido da Cidade Eterna.

Eram 9h30 do dia 24 de julho e estava para desembarcar em Roma, o coração do cristianismo, com seu marido e seus filhos e como uma mulher livre.

O avião aterrissou delicadamente na pista do aeroporto militar e, antes que os passageiros tivessem tempo de soltar os cintos de segurança e pegar as bagagens de mão, Renzi, o presidente do Conselho, sua mulher Agnese e Mogherini, a ministra de Relações Exteriores subiram a bordo. Meriam os cumprimentou com os olhos baixos, tímida: não esperava uma recepção desse tipo, tão solene e ao mesmo tempo familiar. Depois de terem trocado algumas frases, pegou Maya nos braços, assegurou-se de que o pessoal cuidaria do marido e, com o coração na boca, se dirigiu para a saída.

Ao pé da escadinha havia uma muralha de cinegrafistas, fotógrafos e jornalistas. Meriam os olhou e hesitou por um instante. Sorriu para o militar que a recebia no alto da escada, suspirou e começou a descer, um degrau por vez, com Maya no seu vestidinho branco apertada contra o peito. Ao seu lado Lapo Pistelli, de paletó e gravata, levando Martin nos braços. Atrás deles, Renzi, a primeira-dama e Mogherini. Meriam passou diante dos jornalistas e das autoridades com os cabelos trançados, o olhar baixo e um sorriso tímido, apenas esboçado. Vestia um *tailleur* preto de saia longa, uma echarpe escura e uma camiseta com as cores do arco-íris, símbolo da paz. Estava muito bonita. Forte. Altiva.

Depois de cerca de quinze minutos, também Daniel, sentado na cadeira de rodas, usando um terno cinza ligeiramente largo, passou diante dos jornalistas sem dar declarações.

Foram levados para uma sala elegante dentro da base aérea, onde lhes trouxeram comida e bebida. Meriam estava feliz e, ao mesmo tempo, confusa e constrangida, o seu inglês arrastado não a deixava exprimir as emoções, que eram tantas e tão fortes que, talvez, não as conseguiria descrever nem em sua própria língua.

Além disso, Martin estava muito agitado e não ficava quieto nem um instante, tocando em tudo que estivesse ao seu alcance. A certa altura tentou agarrá-lo, mas ele se contorceu e fugiu por entre as pernas de um militar rígido e empedernido. Meriam queria abaixar-se, mas cruzou o olhar com Agnese, a primeira-dama, mãe como ela, que sorriu e fez um sinal com a mão como a dizer: deixe-o, não tem problema. Meriam retribuiu o sorriso e finalmente relaxou.

Renzi e os demais eram gentis, faziam muitas perguntas. Às vezes Daniel traduzia; outras, respondia diretamente. Quando isso acontecia, Meriam se afastava e olhava ao redor. Não entendia uma palavra do que ouvia. Estava no meio de desconhecidos e, ainda mais, de políticos graduados. A milhares de quilômetros de sua terra. Mas estava em segurança. Não só. Sentia-se protegida, amada. Pronta para recomeçar.

* * *

A mídia, que tinha relatado o caso da jovem cristã condenada à morte por apostasia desde o primeiro momento, não queria perder a ocasião para contar o final. CNN, BBC, *New York Times*... os principais jornais internacionais tinham os microfones e as câmeras concentradas em Roma desde as primeiras horas da manhã.

Desde que aterrissei, meu celular não parava de tocar. Dezenas de ligações e uma só pergunta: Meriam falaria?

Os únicos que tinham dado declarações eram Matteo Renzi e Lapo Pistelli.

O primeiro tinha falado de "um dia de festa": "Nunca estivemos tão felizes de nos chamarmos Europa", tinha dito. "Uma mulher condenada à morte por sua fé está finalmente livre. A Itália, o nosso país, a política, são isso também."

Pistelli tinha reivindicado o grande trabalho executado pela diplomacia e ressaltado o papel da Itália, que agira em concordância com todos os outros atores, levando em conta as diversas exigências. Do Sudão, que encerrara um caso que estava criando tensões e embaraços dentro do país e com seus maiores parceiros comerciais, como a Rússia e a China. Dos Estados Unidos, que obtiveram a libertação da mulher de um cidadão americano sem exposição excessiva. E da Itália, que se firmara como ator insubstituível em áreas difíceis e tempestuosas, como o nordeste da África e a região subsaariana, onde, por bem ou por mal, exercera sempre uma grande influência e, sobretudo, assumira um papel de liderança na tutela dos direitos inalienáveis do ser humano.

O próprio governo americano reconhecia o papel determinante do governo italiano ao desfazer uma confusão que corria o risco de se tornar cada dia mais profunda e perigosa. O secretário de Estado, Kerry, e a chefe do Conselho de Segurança Nacional do presidente Obama, Susan Rice, anunciaram estar prontos para acolher a família Wani nos Estados Unidos o quanto antes: "Durante meses os americanos de todas as crenças tiveram Meriam em seus pensamentos e suas preces", foi a declaração oficial divulgada pela Casa Branca; "não vemos a hora de ela e toda a sua família chegarem na América".

Palavras importantes que, porém, não preenchiam o vazio midiático representado pelo silêncio da protagonista absoluta do caso. Ninguém sabia, nem deveria saber, do acordo feito com as autoridades sudanesas que lhe impunham silêncio ao menos até chegar aos Estados Unidos. Nem entrevistas, nem coletivas de imprensa. Nenhuma declaração.

Capítulo 16

Enquanto Meriam amamentava Maya, Daniel tentava dar a mamadeira a Martin que, como sempre, se agitava em seus joelhos. Estavam cansados, felizes e, principalmente, pela primeira vez em tanto tempo, a sós. Sem políticos, sem funcionários, sem policiais. Eram quatro corpos. Uma alma. Uma família.

Fazia três horas que estavam na Itália e, pelo que sabiam, logo deveriam almoçar. No entanto, por volta do meio-dia, o vice-ministro Pistelli chegou e os surpreendeu com um grande sorriso: "Ligaram da Santa Sé: o Papa Francisco espera vê-los dentro de quarenta e cinco minutos. Vamos", disse diante da expressão incrédula deles, "não vão querer fazê-lo esperar, não é?".

Meriam e Daniel não tiveram tempo de digerir a surpresa, muito menos de trocar de roupa, e já se viram a bordo de um veículo guiado por agentes do NOCS (Nucleo Operativo Centrale di Sicurezza), uma unidade especial da polícia de Estado, no meio de Roma. Meriam mantinha os olhos grudados na janela, observava cada edifício, igreja e estátua, maravilhando-se com sua beleza e majestade, com as muitas histórias que contavam. Em toda a sua vida jamais vira algo igual nem, sobretudo, sentira uma emoção do gênero.

O veículo parou diante de um edifício de cinco andares, perto das muralhas que demarcam os limites entre Roma e o Vaticano. Entraram um de cada vez, Meriam com Maya, Daniel, Martin e o vice-ministro Pistelli, o único a quem tinham permitido que os acompanhasse. Chegaram a uma grande sala com piso de mármore branco e grandes janelas ao longo das paredes, com cortinas compridas e finas das quais filtrava uma luz clara, quase ofuscante. A mobília era simples, a atmosfera calma e silenciosa.

Meriam permaneceu de pé. Incrédula. Sonhando. Esperando.

Depois de um instante, ouviu-se um ruído de passos, de vozes. Sentiu o coração na garganta, instintivamente apertou Maya contra o coração.

A figura de branco entrou na sala e se aproximou com passo decidido, o semblante sorridente. Ao seu lado, o Padre Yoannis Lahzi Gaid, seu secretário, um egípcio do rito católico copta, que serviria de intérprete.

Em primeiro lugar, o Papa se abaixou na direção de Daniel, que tremia na cadeira de rodas e, apertando-lhe a mão, disse que estava feliz de conhecê-lo e a sua família. Depois se aproximou de Meriam, que tinha Maya nos braços. Apoiou a mão na cabeça da pequenina e falou com uma voz quente e tranquila, a mesma com a qual em 13 de março de 2013, dia de sua eleição, tinha surpreendido os fiéis na praça São Pedro, apresentando-se com um "boa-noite" que tinha sido apenas o aperitivo de um pontificado que se anunciava revolucionário. Continuando com a mão na cabeça de Maya, disse que queria agradecê-la pelo que havia feito, pelo testemunho corajoso de constância na fé que tinha dado.

Meriam escutava, o olhar baixo e os olhos brilhantes de emoção.

"Obrigado pelo exemplo que deu a todos", disse olhando-a nos olhos. "Inclusive a mim."

Ela assentiu, mas quando, graças à tradução de Monsenhor Gaid, compreendeu o verdadeiro significado daquelas palavras, isto é, que o Papa a considerava um exemplo, ela que até poucos dias estava presa em correntes e destinada a morrer enforcada, inspirou, voltou-se para o marido, arregalou os olhos e não conseguiu dominar um sorriso entre irônico e espantado, que não aparecia em seu rosto há muito tempo.

Depois de tê-lo agradecido pela acolhida e pelo apoio com o qual tinha acompanhado os esforços da diplomacia, o vice-ministro Pistelli, que até aquele momento tinha segurado o pequeno Martin nos braços, cumprimentou o Pontífice e afastou-se durante o colóquio.

Sentaram-se: Meriam com Maya no colo, Daniel com Martin, Francisco e, ao lado, o secretário.

Meriam contou que, durante o cativeiro, soubera que o Papa rezava por ela e essa notícia lhe dera uma força inesperada, que só quem possui uma fé autêntica conhece. Tinha-lhe confirmado que estava certa, combatendo uma batalha que não era somente sua. E que não estava tão sozinha.

Bergoglio estava muito curioso, fazia perguntas e, principalmente, escutava as respostas com grande interesse. Queria saber os detalhes, o que os esperava na América. Admirava a disposição de espírito do casal, o modo humilde e tenaz com que tinham dado testemunho, sem medo de ir contra a corrente ou assumir os riscos, a vivacidade dos filhos deles. É claro, estava ciente do que representavam, do fato de que tivessem se tornado um símbolo e uma esperança para todos que sofriam por causa da religião, principalmente os cristãos, que, num mundo bárbaro e violento como o atual, eram perseguidos e sofriam imposições diante do desinteresse geral, como se as mortes deles fossem menos clamorosas do que as outras. Todavia, naquele momento, estava interessado neles, em sua humanidade. No amor que animava cada olhar e palavra deles.

A fim de agradecer a coragem e a dignidade que haviam demonstrado, deu-lhes de presente um rosário abençoado. Daniel, cansado e emocionado, não conseguiu se controlar e começou a chorar. Meriam, como sempre, mostrou-se mais forte, mas também seus olhos transmitiam uma profunda comoção. Antes de se despedir, Francisco agradeceu ao vice-ministro Pistelli, ao pessoal do ministério de Relações Exteriores e às forças policias que tinham possibilitado não só a libertação, mas também aquele encontro, e exortou-os a fazer o possível para que a permanência de Meriam e de sua família fosse tranquila e, sobretudo, segura. E, caso se prolongasse, recomendou-lhes acompanhá-los na missa dominical.

No fim do colóquio, que durou uns vinte minutos, acompanhou-os até a saída de Santa Marta e esperou que Daniel se acomodasse no veículo. Quando chegou o momento de despedir-se, Meriam perguntou se seria possível receber uma foto do encontro. Francisco sorriu e concordou. Aí veio o abraço e naquele instante Meriam teve a confirmação de que tudo fazia sentido, que suas lágrimas não tinham sido desperdiçadas e suas preces tinham sido ouvidas.

* * *

A Santa Sé tinha sido clara: tratava-se de uma visita particular, somente o Papa, a família Wani e o vice-ministro. Não seriam admitidas exceções. Quando Pistelli me informou, fiquei desconcertada: só Deus sabe o quanto gostaria de participar de um encontro tão emocionante, do epílogo de um caso que tinha marcado de forma indelével o meu modo de viver e encarar o mundo.

Existia, porém, uma justificativa. Era normal que o único estranho admitido fosse um político graduado, que se envolvera pessoalmente e fora um dos artífices da libertação. Além disso, eu estava muito feliz por Meriam e Daniel, sabia o quanto desejavam aquele encontro e quanto o mereciam. Não era hora de pensar em mim mesma. O importante era que eu logo estaria novamente com eles.

Logo que soube que a visita à Santa Marta havia terminado, liguei para o vice-ministro: tinha tanta vontade de ver Meriam, Daniel e as crianças que bastava que me dissesse onde estavam e eu iria para lá num piscar de olhos.

Pistelli não respondeu.

Passaram-se alguns minutos e ele me escreveu uma mensagem de texto: "Terminado o encontro com o Papa, retomei o meu trabalho. Agora a responsabilidade pela segurança e eventuais encontros com terceiros depende deles. Ligue diretamente para Meriam e Daniel, eles reativaram os celulares".

Ponto. Nenhum endereço. Nenhum convite. Nenhuma migalha de empatia.

Fiquei chateada. De repente relembrei os comentários que tinham acompanhado a chegada de Meriam no aeroporto de Ciampino. Muitos ativistas tinham criticado a manifestação excessiva da política, o desejo de dominar a cena sem nem mesmo mencionar a mobilização da *Italians for Dafur* e outras associações, as 150 mil assinaturas que tínhamos recolhido e os milhares de pessoas que nos haviam apoiado.

Na hora não prestei muita atenção, preferi me concentrar nos aspectos positivos, como, por exemplo, no fato de que desta vez a política e o voluntariado tinham seguido na mesma direção e, não por acaso, tinham obtido um ótimo resultado.

Por isso, não era justo que se passasse a mensagem de que o mérito fosse só da diplomacia.

Eu tinha respondido duramente a quem achava inoportuno que o primeiro-ministro, a esposa e Mogherini tivessem se precipitado a receber Meriam, já acompanhada de um expoente do governo, e que tudo tivesse sido documentado por dezenas de jornalistas.

Era inevitável que acontecesse. Era absurdo pretender que não se divulgasse a notícia.

Eu não podia negar que a superexposição de toda a família Wani me tivesse deixado atônita. O que realmente me magoava, contudo, era ver como um caso que passara a ser notícia e crescera graças às iniciativas de organizações como a minha, que há muito tempo tinham como bandeira a defesa dos direitos humanos, mesmo quando não se encontravam soluções fáceis, fosse usado como propaganda política.

Arriscava-se obscurecer uma grande operação de solidariedade, que tinha envolvido a sociedade civil italiana como nunca antes.

Capítulo 17

A emoção que a dominara no momento em que pusera os pés em Santa Marta, e que se manifestara durante o encontro com o Papa Francisco, não parecia querer se atenuar. Meriam girava continuamente entre os dedos o rosário que tinha recebido de presente do Pontífice e agradecia a Deus pela alegria que lhe tinha concedido. Durante o trajeto que os levaria ao novo alojamento estava tão absorta e circunspecta, que não percebeu que passaram a poucos metros do Coliseu e da Basílica de São João, dois locais que conhecia pela fama, principalmente o Coliseu, onde tantos mártires cristãos encontraram a morte, sobre o qual eu lhe tinha falado em nosso encontro em Cartum, quando me pedira que descrevesse Roma, corpo e alma do cristianismo. Daniel, aproveitando a sugestão do motorista de ir propositadamente devagar, o havia mostrado, mas no coração dela, naquele momento, havia lugar somente para Deus, para aquela sensação de graça que a tinha invadido.

Não demoraram a chegar ao seu destino, uma casinha cinza-claro, com dois dormitórios e uma sala de estar, rodeada por um pequeno jardim com gramado à inglesa, dentro do complexo funcional do ministério do Interior, na periferia ao sul de Roma.

Os agentes ajudaram-nos a descarregar a bagagem, acompanharam-nos até dentro da casa, do qual tinham removido qualquer obstáculo ou barreira arquitetônica, de forma que Daniel pudesse se mover com autonomia e, enfim, deixaram-nos a sós.

Assim que fecharam a porta, Meriam e seu marido se fitaram nos olhos: no olhar dele havia cansaço, excitação, esperança... todas as emoções que confirmavam o mais importante: estavam num momento decisivo, o passado ficara para trás, o futuro era uma incógnita, mas, ao menos, dispunham de um presente por onde começar.

É claro, o procedimento burocrático que permitiria, principalmente a Meriam, que não tinha a cidadania americana, a entrada nos Estados Unidos era complicado e, sobretudo, não tinha prazo determinado. A embaixada deveria emitir um documento provisório, depois organizar a viagem levando em conta as várias exigências, as relativas à segurança e as aparentemente mais banais, relativas à condição de Daniel e à assistência suplementar que necessitariam.

Só para variar, não havia alternativas: só restava esperar. No entanto, havia ao menos dois modos de fazer isso: podiam se atormentar contando os minutos, ou viver a espera da melhor forma possível.

Foi isso que disseram um ao outro com aquele olhar: "Vamos nos manter ocupados e aproveitar cada instante, independentemente de quanto tempo possa demorar".

* * *

Eu estava em Roma havia mais de seis horas. E ainda não os tinha encontrado.

Não no aeroporto, visto que, no momento de minha chegada já estavam longe. Não em Santa Marta, porque a diplomacia vaticana só havia autorizado o vice-ministro Pistelli que, pouco depois, tinha enviado uma mensagem impessoal, na qual me informava que não era mais ele quem coordenava os deslocamentos e que, substancialmente, eu devia me virar sozinha.

Eu tinha ligado para os telefones sudaneses de Daniel e Meriam diversas vezes, mas estavam sempre desligados.

Eu estava triste e frustrada. Parecia-me paradoxal que estivessem tão perto e, ao mesmo tempo, tão longe, que tivesse mais dificuldades para encontrá-los em Roma, a poucos quilômetros de onde eu estava, do que em Cartum, no coração da África centro-oriental.

A emissora de TV RaiNews, no entanto, tinha me convidado para ir à central de produções da Rai (Radiotelevisione Italiana) a fim de comentar a libertação e discutir os direitos humanos no Sudão. Durante a transmissão, que durou cerca de vinte minutos, desliguei o celular.

Quando o liguei novamente, já no táxi indo para casa, resignada com a ideia de que àquela altura não os encontraria mais, vi uma mensagem que indicava uma chamada de um número desconhecido.

Liguei.

Uma voz masculina atendeu; era um dos agentes do NOCS que cuidavam da família Wani. Disse que Daniel e Meriam tinham insistido em me ligar e, como estavam com problemas com seus telefones, usaram o dele. E desde aquele momento, como eu não tinha atendido, só fizeram atormentá-lo perguntando o que teria acontecido, por que eu não tinha atendido e, principalmente, por que não estava ali com eles.

Dizer que fiquei espantada é pouco: fui dominada pela emoção. Senti uma alegria igual àquelas depois do anúncio do nascimento de Maya ou da libertação de Meriam. Esperando que o agente lhes passasse o telefone, não consegui conter as lágrimas que, porém, eram mais uma vez de alegria.

Daniel falava num tom calmo e sereno que, todavia, no fundo traía certa incredulidade. Quando, quase sem me dar tempo de cumprimentá-lo, me perguntou como eu estava, respondi divertida que, ao contrário, eram eles que me deviam dizer como estavam, se o lugar onde estavam hospedados era acolhedor e se tinham conseguido descansar ao menos um pouquinho.

Daniel respondeu de forma rápida, depois voltou à questão mais importante: por que eu não estava ali com eles?

Eu hesitei, não queria aumentar as sombras naquele momento de luz. Disse-lhe que devia ter havido algum problema, mas nada de grave, e depois de prometer ir encontrá-los o mais rápido possível, pedi para falar de novo com o agente. Apesar de ser gentil e disponível, não se revelou de grande ajuda e limitou-se a me aconselhar a entrar em contato com a central e falar com o comandante Andrea Mainardi.

Não insisti: agradeci, despedi-me e liguei. Infelizmente, a ligação caiu com a telefonista, o comandante não estava. Todavia, se deixasse o meu número, ele me ligaria logo que possível.

Suspirei de alívio e, exausta, apoiei a cabeça na janela do táxi, deixando que Roma tornasse os meus pensamentos mais leves.

O caso de Meriam tinha virado a minha vida de cabeça para baixo. Nos últimos seis meses, desde que tomara conhecimento dele, o meu tempo e as minhas energias foram dedicados a um só objetivo: salvar aquela jovem mulher, mãe de um menino e grávida de uma menina, condenada à morte por ter se casado com um cristão.

No início não se sabia muito, mas os relatos de Khalid, meu contato em Cartum, e as fotos divulgadas pelos advogados e pelo irmão de Daniel, que a retratavam no dia do casamento, com o vestido e o véu brancos, uma coroinha prateada, as tatuagens de hena nas mãos e um sorriso luminoso e cândido, e, depois, na prisão, com o mesmo sorriso, mas apagado e sem luz, tinham rompido qualquer resistência: eu e centenas de outros ativistas gastamos as solas dos sapatos e as polpas dos dedos no teclado do computador para tornar o seu caso conhecido, obter a libertação e a retomada da vida conjugal com o marido, que a lei islâmica considerava menos do que um amante, um infiel que a tinha levado para o mau caminho.

Sabíamos que seria difícil, que o juiz de primeira instância era conhecido por sua intransigência e que o comportamento de Meriam, afrontando-o e recusando a oferta de abjurar em troca da liberdade, o irritara ulteriormente. Tínhamos consciência das paixões e interesses que o caso suscitava. Das dificuldades que enfrentaríamos. Mas, então, era tarde demais, não podíamos dar de ombros e olharmos para o outro lado. Ao contrário, lançamos o coração além dos obstáculos e começamos a lutar convictos de que não se combate, hipocritamente, só as batalhas que se sabe poder vencer.

Meriam devia viver, custasse o que custasse. Devia viver porque a sua vida, como qualquer vida, era uma centelha do infinito e ninguém tinha o direito de tomá-la. Devia viver porque a sua história era como a de milhões de pessoas, perseguidas por aquilo que tinham de mais precioso, que lhes dava sentido à existência: a fé. Devia viver porque nenhuma religião deveria ter qualquer coisa a ver com derramamento de sangue e perseguições.

Dia após dia a mobilização tinha crescido, o nosso empenho tinha se unido ao dos ativistas sudaneses e encontrado apoio na mídia e nas instituições do mundo inteiro. Milhões de pessoas que falavam a uma só voz, que almejavam a mesma coisa. A avalanche tinha começado e, se não queria ser soterrado, o regime sudanês também deveria levar isso em consideração.

Foram seis meses de raiva, esperanças e frustrações. E, agora, ao falar com Daniel e com a certeza de que os encontraria, eu sentia que haviam sido os mais belos da minha vida.

Capítulo 18

O centro de Spinaceto, onde ficam os escritórios do NOCS, além da escola e do centro de treinamento da polícia, é um grande *campus* no meio do verde e salpicado de casas pré-fabricadas e pequenos edifícios. A casinha que alojava a família Wani ficava num local tranquilo e separado, não muito distante dos campos de treinamento, da escola e do refeitório, e era protegida por um par de agentes à paisana que, teoricamente, em turnos de seis horas, deviam cuidar de sua segurança, mas que em poucos dias terminaram por adotá-los. O comandante Mainardi e seus homens não recuavam diante de nada, nem mesmo quando se tratava de trocar fraldas, ajudar Daniel com a cadeira de rodas ou Meriam na cozinha. Martin era uma espécie de mascote e corria livre pelo jardim, tomava sorvete, de que gostava muitíssimo, com os policiais e os obrigava a brincar de esconde-esconde; era cheio de vida, como se naqueles dias estivesse recuperando o tempo perdido durante a detenção.

Desde o primeiro instante se ocuparam em planejar a viagem e cuidar das formalidades burocráticas, indo várias vezes até a embaixada norte-americana na via Veneto, onde preencheram dezenas de formulários e entregaram toda a documentação em seu poder para evitar perda de tempo e, sobretudo, mal-entendidos desastrosos. O médico da embaixada examinou cuidadosamente Daniel para estabelecer os tempos e os meios de assistência, se precisaria viajar acompanhado de um enfermeiro e qual itinerário e companhia aérea seriam mais adequados. Depois de terem avaliado diversas opções, com a concordância da segurança, optaram por um voo direto da American Airlines para Manchester via Filadélfia. Todavia, a partida não seria autorizada até que Washington desse a autorização oficial. Não obstante as declarações de Kerry e Rice, um ato formal era indispensável.

O resto do tempo passavam em encontros, visitas mais ou menos oficiais e, graças aos céus, atividades mais agradáveis que lhes permitiam recuperar o fôlego e não se deixar roer pela espera: faziam compras no supermercado e se perdiam no centro comercial. Até fizeram uma excursão turística pela cidade. E desta vez Meriam não quis perder nenhum minuto, não deixou de lado nem mesmo um cantinho mais escondido: o Coliseu, o

Foro Imperial, a Villa Borghese, a Basílica de São João... cada monumento era um suspiro e cada suspiro era um sopro de esperança em sua vida.

No domingo foram à missa.

A presença de Deus impregnava por completo a Basílica de São Paulo Fora dos Muros. Estava na atmosfera com aroma de incenso, na abóbada decorada, nos mosaicos do altar, nos bancos em que, depois de passar meses acorrentada, Meriam podia finalmente se ajoelhar e encontrar alívio. Alguns fiéis a reconheceram e se limitaram a sorrir e fitá-la com admiração, outros a abordaram e agradeceram por seu testemunho e lhe desejaram um futuro feliz. Comovida, ela apenas apertava as mãos, sorria e abraçava desconhecidos de todas as etnias e idades. Daniel, sempre ao seu lado, fitava-a admirado: não existia nada mais belo, e sagrado, do que a felicidade dela.

* * *

Foi o comandante Mainardi quem me deu a ótima notícia: o ministério do Interior havia dado a permissão e no dia 28 de julho eu poderia me encontrar com a família Wani e preencher o vazio que me parecia injusto, além de sempre mais difícil de aguentar.

Passei o fim de semana na praia, perto de Pescara, com meu marido e minha filha. Dois dias sem computador, telefone ou qualquer coisa que pudesse levar-me para longe. Não queria que nada perturbasse a espera.

Na tarde de domingo me concedi um telefonema e falei com Daniel e Meriam, que tinham acabado de chegar de um passeio por Roma e emanavam entusiasmo, tanto pela missa em São Paulo quanto pelas maravilhas que tinham admirado. Depois, acrescentaram, não viam a hora de me encontrar.

Perguntei se precisavam de alguma coisa, roupas, alimentos ou algo assim, mas responderam que tinham tudo, que os agentes tinham conseguido até pomada de assaduras para Martin, que ainda usava fraldas e elas às vezes irritavam sua pele.

Não importava e não me demorei: aproveitei a tarde para passear pelo vilarejo e comprar presentes e alguns doces. Eu estava feliz, animada. Quanto mais dizia a mim mesma para ficar tranquila, mais sentia o coração palpitar forte.

Quando acordei na segunda-feira de manhã estava entusiasmada, determinada a aproveitar um dos dias mais importantes da minha vida. Pena que, quando religuei o celular, fui atingida por uma avalanche de chamadas e mensagens de jornalistas de várias nacionalidades que queriam saber alguma coisa de Meriam, se era possível encontrá-la ou ao menos fazer-lhe alguma pergunta, se eu sabia alguma coisa sobre a partida para os Estados Unidos.

Respondi a todos do mesmo jeito: que a família Wani estava sob proteção, não estavam previstos encontros com a imprensa.

Eu entendia as razões deles e sabia que os diretores e proprietários dos jornais fariam qualquer coisa, até falsificar documentos, para obter alguma informação, imaginem um encontro. A história de Meriam tinha de tudo: dor, ódio, amor... e colocava questões profundas e muito atuais. Sem dúvida merecia ser contada. Eu mesma me senti tentada a fazê-lo no meu *blog*, mas, depois, desisti. Eu me obriguei a isso. Não queria arriscar instrumentalizações ou ser superficial. Não era o momento, disse a mim mesma, não ainda.

Depois, naquela manhã de julho, eu precisava enfrentar um assunto mais urgente e envolvente: despedi-me de meu marido e de minha filha e saí cedo.

O comandante Mainardi tinha informado que um veículo do serviço iria me buscar no aeroporto e me levar ao centro de Spinaceto. Parecia-me uma medida exagerada, mas, como disse, era preciso usar de máxima cautela.

Cheguei ao *campus* pouco antes do almoço. Eu tremia, não via a hora de abraçar Meriam, Daniel e as crianças, sentia quase uma necessidade física de fazê-lo. Os dois, porém, estavam ocupados com um funcionário da embaixada, por isso tive de esperar junto ao comandante e seu pessoal, que me convidaram para almoçar no refeitório.

Era um grupo entrosado, profissional e, sobretudo, humano. Falavam da família Wani como se fosse a deles, chamavam Martin de "o pestinha" e não se cansavam de elogiar a doçura de Maya, o modo como Daniel olhava para a mulher e o comportamento modesto e ao mesmo tempo elegante de Meriam, uma espécie de nobreza encoberta pela areia do deserto. Contaram-me como se emocionaram durante o passeio por Roma e de como se sentiram desorientados, quase amedrontados na primeira vez que os tinham levado ao centro comercial. Andrea, Annalisa, Simone e o resto do pessoal não se limitavam a obedecer às ordens e cumprir com os próprios deveres, não pensavam apenas em protegê-los, mas em fazê-los sentir-se bem, em manter viva a chama da esperança. Demonstrando que sempre havia uma possibilidade de surpreender e deixar-se surpreender.

Depois de cerca de uma hora, deixamos o refeitório e percorremos de carro umas centenas de metros. Estacionamos diante de uma casinha com um pátio e um gramado bem cuidado no meio do qual havia um velocípede azul e vermelho virado de ponta-cabeça.

Um dos dois agentes da guarda veio a meu encontro, apertou minha mão com força: "Finalmente! Não sabe o quanto esperavam por este momento!".

Sorri, mas eu tremia.

Olhei para a casa. Eu os vi: Daniel, na cadeira de rodas, ao lado da porta, Martin ao seu lado, sentado no chão, Meriam atrás deles, em pé.

Cruzamos os olhares.

Sorri.

Sorriram.

Passou-se um segundo, uma eternidade.

Meriam veio em minha direção. Eu fiz o mesmo. Vimo-nos olhos nos olhos e começamos a rir e chorar ao mesmo tempo. Abraçamo-nos e foi um abraço único: frágil, forte, acanhado, apaixonado.

"*You are free*", eu repetia entre lágrimas. Enquanto lhe acariciava os cabelos trançados e fitava seus grandes olhos negros, finalmente brilhantes, percebi que, embora se tivessem passado apenas três semanas desde que a encontrara no Sudão, ela era outra pessoa.

Aproximei-me de Daniel, que nos observava com um sorriso doce e cândido, e me abaixei para abraçá-lo.

Tentei fazer o mesmo com Martin que, porém, se debateu, ficou em pé e, rindo como um louco, fugiu.

Daniel, Meriam e eu entramos. Maya dormia como um anjo no outro cômodo. Sentamo-nos à mesa e durante algum tempo a emoção levou a melhor. Além disso, Meriam se envergonhava de seu inglês e Daniel tinha de socorrê-la o tempo todo. Naquele momento, porém, as palavras valiam pouco e lentamente nos fomos entendendo.

Meriam relembrou o nosso encontro, na embaixada norte-americana de Cartum, quando ela, embora livre, ainda estava presa e insegura quanto ao que o destino lhe reservava. Contou sobre os últimos dias no Sudão, até a partida inesperada no meio da noite. A chegada à Itália, o encontro com o Papa...

Quando perguntei sobre a América, se estavam prontos para a viagem e o que pretendiam fazer quando chegassem lá, foi Daniel quem falou: na verdade, disse, estava um pouco preocupado. É verdade, o seu apartamento era acolhedor e, quando jovem, tinha-lhe servido muito bem, mas agora eram quatro, "e um", indicando Martin, que rondava os meus presentes como um tubarão ao redor da presa, "que parece um furacãozinho...".

Eu levantei e me aproximei: "Venha", disse pegando um pacote, "o que está esperando?!".

Martin me fitou, parecia desconfiado.

"Vamos", fiz imitando o gesto de rasgar o papel, "abra!"

Não foi preciso repetir: pegou o pacote, rasgou o papel com os olhos cheios de curiosidade, que se transformou em fascínio, quando viu que era um conjunto de canetinhas coloridas. Ele sorriu para mim, e aquele sorriso continha todos os sorrisos do mundo. Agora estava tudo certo, eu o tinha conquistado a tal ponto que me puxou pela mão e me fez sentar no chão, me entregou uma folha de papel e me convidou a desenhar com ele. Era preciso e concentrado, como se estivesse pintando a Capela Sistina. Enquanto desenhava, parecia que nada poderia distraí-lo, nem mesmo Maya, que de repente começou a choramingar.

Meriam se levantou e ficou no outro cômodo alguns instantes, voltando com a pequena nos braços. Calma, quieta, tranquilizada. Um raio de luz num mundo atormentado.

Quando nos sentamos, Meriam descobriu o seio para amamentá-la, enquanto Martin, que até aquele instante tinha estado completamente desinteressado do mundo ao redor, deixou o papel e as canetinhas, levantou-se e correu para o pai: ele também queria leite. Daniel lhe acariciou os cabelos, sorriu e me apontou, como a dizer: peça para ela.

Martin me olhou e, mesmo que eu quisesse com todas as minhas forças, não conseguira negar-lhe. Peguei a mamadeira na cozinha, esquentei-a no micro-ondas e a dei para ele. Ele a pegou com naturalidade, como se a tomasse de uma amiga ou de alguém da família.

Capítulo 19

Meriam estava bem, estava em paz.

A Itália a tinha acolhido de braços abertos e os italianos estavam cuidando dela e de sua família de uma forma comovente. Todos, do comandante ao motorista, dos agentes ao resto do pessoal, eram gentis e dedicados, não lhes deixavam faltar nada, nem mesmo os pãezinhos quentes todas as manhãs.

O processo para a viagem aos Estados Unidos estava no fim, dentro de poucos dias partiriam e, assim que aterrissassem, iniciariam uma nova vida. A enésima. E, embora lhe parecesse estranho, estava triste: tinha se afeiçoado à Itália, parecia-lhe um lugar onde poderia criar raízes. Além disso, para dizer a verdade, começava a ter um pouco de medo: como seria viver em New Hampshire? Como seria ser estrangeira num país desconhecido depois de ter-se tornado estranha no país em que nascera? Como faria com a língua? E a comida? E o clima? Daniel era doente, preso a uma cadeira de rodas devido à distrofia muscular: como fariam para se manter, para sobreviver?

Depois de terem se formado e obtido a cidadania norte-americana, ele e Gabriel, seu irmão, fundaram a *South Sudan Community of New Hampshire*, uma organização sem fins lucrativos que proporcionava assistência aos compatriotas que chegavam aos Estados Unidos como refugiados. Daniel era o presidente, mas também trabalhava como tradutor e intérprete para os serviços sociais da administração local. Depois, em 2011, voltara para o Sudão, onde conhecera Meriam, que frequentava a mesma paróquia da irmã e, em 19 de dezembro do mesmo ano, um sacerdote italiano, o Padre Carlo Plotegheri, celebrara seu matrimônio na Catedral de São Mateus, da Arquidiocese de Cartum. Ainda que a principal fonte de renda da família fossem as receitas provenientes das atividades comerciais da mãe de Meriam, Daniel continuara a colaborar com a administração norte-americana até ser obrigado a abandonar qualquer compromisso e relação profissional para ficar ao lado dela durante o longo processo judicial e a detenção. Claro que podiam contar com Gabriel e a comunidade cristã, mas, e depois?

Manchester seria o primeiro passo, mais até, um salto para uma vida completamente nova. Deixariam para trás um passado atormentado e iriam ao encontro de um futuro tão incerto que quase chegava a sentir vertigens.

Naqueles momentos só lhe restava se agarrar às poucas certezas que tinha: o amor por Daniel e as crianças, e a fé no Senhor que, como sempre, lhe indicaria a direção e lhe daria forças para superar qualquer prova.

* * *

Na manhã do dia 30 de julho, o sol iluminava um céu azul e imenso, e eu me sentia finalmente em férias, de coração e mente. Às 11h35 o Boeing 767 da American Airlines com Meriam, Daniel e seus filhos a bordo, além de dois militares americanos e um médico que os acompanharia até o destino final, decolava de Fiumicino, com previsão de chegada ao aeroporto regional de Manchester-Boston às 21h57.

No dia anterior tínhamos nos encontrado novamente no *campus* de Spinaceto, a última residência italiana deles. Meriam estava agitada, nunca a tinha visto assim. Estava feliz e ao mesmo tempo triste, excitada e melancólica. De vez em quando, enquanto escolhia as roupas para a viagem, parava e suspirava: "*I want to come back as soon as possible in Rome…*", repetia – "Quero voltar a Roma o quanto antes…".

Eu disse que tinha certeza de que seria logo, assim que se tivesse tornado uma cidadã americana. Prometi que manteríamos o contato, escrevendo ou falando, e que contaríamos a sua história. E que jamais deixaria de torcer por ela e sua família.

Depois disso eu a abracei.

Foi a última vez.

Meriam me fitou nos olhos, com dificuldades em conter as lágrimas.

Não disse nada, não era necessário.

Fui até Daniel, cumprimentei-o com o mesmo calor e o mesmo envolvimento.

Martin, naquele dia, estava ainda mais endiabrado, a ponto de, ao tentar abraçá-lo, perceber que havia feito xixi nas calças.

Como Meriam estava ocupada com Maya, eu me ofereci para trocá-lo. Peguei-o pela mão e levei-o ao banheiro, apesar de ele tentar resistir de todas as maneiras possíveis. Convenci-o a tirar a cueca somente quando mostrei uma bala, que lhe dei em troca e que ele engoliu quase sem mastigar.

Tudo bem, disse a mim mesma, agora chega. É hora de partir.

Voltei-me, olhei para a pequena Maya, que Meriam tinha acomodado na cama. Não resisti, refiz meus passos. Seus grandes olhos escuros fitavam os meus, me olhavam curiosos, vivos. Seria a última imagem que levaria comigo.

Capítulo 20

As últimas 24 horas na Itália foram cheias de compromissos e, sobretudo, de emoções: as compras finais no centro comercial, a visita de Lapo Pistelli, as despedidas do pessoal do *campus* e, principalmente, a festa de despedida com os funcionários e agentes do núcleo de operações. Foi muito comovente: o comandante e seus rapazes brindaram, abraçaram-nos, desejaram-lhes felicidades… Daniel e Meriam, que estavam convencidos de que após o encontro com o Papa não sentiriam emoções tão fortes, viram que estavam errados: os olhares e os sorrisos eram a prova contundente de que a vida sempre oferece uma oportunidade de redenção, que não para de surpreender ou, mais banalmente, que o bem é mais forte que o mal.

As bagagens estavam prontas, também os documentos… àquela altura só restava esperar o carro que os levaria ao aeroporto. Uma nova espera, uma espera completamente diferente.

Decidiram passá-la no jardim, a família Wani e seus anjos da guarda que – o comandante Mainardi tinha prometido – os escoltariam até a pista do aeroporto. Daniel, usando o terno cinza-escuro que lhe tinham dado e uma gravata, parecia um empresário. Meriam, com um vestido florido, uma jaqueta branca, a echarpe de sempre e os cabelos presos, parecia uma rainha.

Chegaram a Fiumicino por volta das 10 horas e se dirigiram ao guichê da American Airlines, onde encontraram o médico e os dois militares que os ajudaram com as formalidades do *check-in* e dos controles de documentos, que, de fato, graças à intervenção deles, foram discretos e rápidos.

O comandante Mainardi e seus agentes acompanharam-nos não só na pista, mas até dentro do avião, garantindo a localização de seus lugares e que a tripulação os trataria com todo o cuidado.

Era uma cena insólita, surreal. Um modo perfeito de dizer adeus, um modo tipicamente italiano.

Meriam apertou Maya ao peito e fechou os olhos. Suspirou. Era o fim.

Agora precisaria recomeçar.

* * *

Quando a aeronave percorreu a pista e se ergueu do solo, uma parte de mim foi com eles. É verdade que estava aliviada com a partida, representava a realização de um sonho que tínhamos perseguido e pelo qual tínhamos lutado durante meses. Ao mesmo tempo, porém, eu me sentia só, vazia. Meriam e Daniel tinham se tornado duas presenças constantes, cotidianas na minha vida. Com o passar do tempo tínhamos compartilhado esperanças, medos, lágrimas, sorrisos, tínhamos nos aproximado e agora, quando finalmente nos encontráramos, tivemos de nos separar outra vez.

Como seria a minha vida sem eles?

E eles? Conseguiriam seguir adiante? Saberiam recomeçar em um lugar tão longe daquele em que tinham crescido e se tornado o que eram? Superariam bem as primeiras e inevitáveis dificuldades?

De fato, Daniel era um cidadão americano e Meriam, além de ser sua mulher, desfrutaria do status de refugiada, mas não tinham certeza de que receberiam subsídios ou ajuda de qualquer outro tipo. Além disso, a questão dos imigrantes, principalmente os africanos e os do Oriente Médio, suscitava desavenças na América mais conservadora e mesmo o governo de Obama, apesar das boas intenções, precisava agir com cautela.

Passaram-se alguns dias e, finalmente, chegaram as primeiras notícias.

Na Filadélfia, onde fizeram escala, foram recebidos pelo prefeito da cidade, Michel Nutter, que, depois de defini-la como "uma combatente das liberdades mundiais", comparou Meriam a Rose Parks, a negra que se recusara a ceder o assento num ônibus a um branco e se tornara símbolo do movimento pelos direitos civis dos negros nos Estados Unidos na década de 1950, e deu-lhe uma réplica do Sino da Liberdade, símbolo da independência norte-americana e do movimento abolicionista.

A acolhida em New Hampshire foi ainda mais empolgante. A família Wani completa e cerca de quarenta compatriotas, inclusive o presidente da *Sud Sudan* de Manchester, os receberam com balões, flores e mensagens de boas-vindas, apertando-os em um abraço de tirar o fôlego.

Era um sinal importante, sobretudo porque não havia certezas: nos últimos dez anos a crise tinha atingido duramente esta localidade da América. Milhares de pessoas tinham perdido o emprego e dezenas de atividades produtivas e comerciais tinham sido obrigadas a fechar as portas. Havia uma atmosfera cinzenta, soturna. E a política não tinha escrúpulos em atiçar os ânimos. Os republicanos pressionavam por uma exacerbação das normas sobre a imigração, acusavam os "estrangeiros" de roubar os empregos, de não quererem integrar-se e outros argumentos do gênero, que exprimiam uma visão de mundo ignorante, egoísta e intolerante. O prefeito de Manchester repetia que "os norte-americanos por nascimento" tinham prioridade e estavam cansados de dividir os seus recursos com quem vinha de fora.

As pessoas, as imagens da multidão festiva e colorida no aeroporto, foram a resposta mais evidente, a demonstração de que nas dificuldades os seres humanos doam o melhor de si mesmos.

Pensei em Meriam e Daniel em meio a toda aquela gente. Imaginei que ela estaria apertando a pequena Maya contra o peito, enquanto Martin aproveitava a festa. Imaginei os aromas, os sons, as cores...

Naquele momento entendi que eles tinham conseguido, que nós tínhamos conseguido.

Revi o semblante de Meriam. As tranças, as orelhas, os olhos, as maçãs do rosto, o nariz, os lábios.

Era o mesmo semblante esplêndido da jovem que eu tinha encontrado na embaixada dos Estados Unidos em Cartum, mas com um brilho diferente. Relembrei tudo que tinha suportado e a dignidade com que o tinha feito. A fé, a força e a coragem que tinha demonstrado. Recordei quando a revi em Roma, o seu abraço. E o dia anterior à partida, confusa e excitada como uma menininha. Lembrei-me de Daniel, Martin e Maya deitada na caminha, seus olhos nos meus.

Pensei em sua disponibilidade para o martírio, que, como escreveu Enzo Bianchi, não era uma disponibilidade para morrer, mas para viver a vida em sua plenitude. Pensei no que ela representava para o mundo, nas palavras do Papa Francisco. Pensei que Meriam Yehya Ibrahim Ishag tinha se transformado num símbolo, um dos que brilham quando a noite é mais escura e o vento sopra mais forte. Que seu semblante era o de milhões de pessoas, prisioneiras da miséria, da ignorância e do desespero, e que ela simbolizava seu resgate.

Para mim, entretanto, continuava sendo, mais do que tudo, um ser humano. Um ser humano guiado por uma força extraordinária, que a tinha salvado de um destino que parecia certo, desejado por quem tinha tentado dobrá-la, obrigando-a a renegar tudo em que acreditava.

No fim a vida tinha vencido a morte, o amor tinha derrotado o medo.

Tinha sido mais forte do que o mal, o ódio e as tortuosidades de um regime político e de um poder judiciário e religioso desumanos, prontos a processar, condenar e, então, punir uma mulher grávida somente para impedi-la de ser ela mesma.

Meriam tinha enfrentado tudo isso com firme determinação, uma firmeza inatacável graças à proximidade de Daniel.

Tinha vencido com a força do amor.

Impresso na gráfica da
Pia Sociedade Filhas de São Paulo
Via Raposo Tavares, km 19,145
05577-300 - São Paulo, SP - Brasil - 2016